ANDREAS MEYHÖFER I DIANA LUDWIG

SCHLANK MIT LOW-CARB FÜR BERUFSTÄTIGE

60 REZEPTE ZUM VORBEREITEN UND MITNEHMEN

riva

Bibliografische Information der Deutschen Nationalbibliothek
Die Deutsche Nationalbibliothek verzeichnet diese Publikation in der Deutschen Nationalbibliografie. Detaillierte bibliografische Daten sind im Internet über http://d-nb.de abrufbar.

Für Fragen und Anregungen
info@rivaverlag.de

Wichtiger Hinweis
Dieses Buch ist für Lernzwecke gedacht. Es stellt keinen Ersatz für eine individuelle medizinische Beratung dar und sollte auch nicht als solcher benutzt werden. Wenn Sie medizinischen Rat einholen wollen, konsultieren Sie bitte einen qualifizierten Arzt. Der Verlag und der Autor haften für keine nachteiligen Auswirkungen, die in einem direkten oder indirekten Zusammenhang mit den Informationen stehen, die in diesem Buch enthalten sind.

Originalausgabe
1. Auflage 2019

Nymphenburger Straße 86
D-80636 München
Tel.: 089 651285-0
Fax: 089 652096

Redaktion: Caroline Kazianka
Umschlaggestaltung: Laura Osswald
Umschlagabbildungen: Vorderseite: Sabrina Sue Daniels; Rückseite: Andreas Meyhöfer, Diana Ludwig
Abbildungen im Innenteil: S. 6: catalina.m/Shutterstock.com; S. 7: LightField Studios/Shutterstock.com; S. 11: Yulia Furman/Shutterstock.com; S. 13: Africa Studio/Shutterstock.com; S. 16: Zerbor/Shutterstock.com; S. 18: Mirabelle Pictures/Shutterstock.com; S. 19: Tobik/Shutterstock.com; S. 21: Ahanov Michael/Shutterstock.com; S. 27: savitskaya iryna/Shutterstock.com; Rusin Mitin/Shutterstock.com; S. 29: Pixel-Shot/Shutterstock.com; S. 31: Elena Shashkina/Shutterstock.com; S. 38: casanisa/Shutterstock.com; S. 59, 73, 111: Sabrina Sue Daniels; alle übrigen Bilder: Andreas Meyhöfer, Diana Ludwig
Satz: inpunkt[w]o, Haiger (www.inpunktwo.de)
Druck: Florjancic Tisk d.o.o., Slowenien
Printed in the EU

ISBN Print 978-3-7423-0819-1
ISBN E-Book (PDF) 978-3-7453-0447-3
ISBN E-Book (EPUB, Mobi) 978-3-7453-0448-0

Weitere Informationen zum Verlag finden Sie unter

www.rivaverlag.de

Beachten Sie auch unsere weiteren Verlage unter www.m-vg.de

Inhalt

Low-Carb für Berufstätige

Du hast dieses Buch in der Hand, weil du im Titel den Begriff Berufstätige gelesen hast und wenig zeitaufwendige Rezepte suchst? Vielleicht hat dich ja auch der Begriff Low-Carb neugierig gemacht oder du hast gezielt nach Büchern zu dem Thema Carb gesucht? Dann hat deine Suche ein Ende und du bist fündig geworden. Dieses Buch bietet dir nicht nur einfache und schnelle Rezepte, die zur Low-Carb-Ernährung passen, sondern auch clevere Anregungen, um im Berufsalltag viel Zeit, Geld und Nerven zu sparen.

Falls du es noch nicht wusstest: Low-Carb ist eine Ernährungsform, bei der du Kohlenhydrate im Ernährungsplan minimierst und stattdessen auf Fett als Energielieferant setzt. In diesem Buch geben wir dir einen Überblick über Low-Carb und die Vorteile dieser Ernährungsform. Womöglich möchtest du dich nach den Prinzipien von Low-Carb ernähren, um ein paar Pfunde zu verlieren. Oder du setzt aus gesundheitlichen Gründen auf diese Ernährungsform. Egal, aus welchen Gründen du Low-Carb leben willst, wer berufstätig ist, steht oft vor dem Problem, sich konsequent mit entsprechenden Gerichten zu versorgen. Sich unterwegs schnell ein gesundes Mittagessen zu holen, das wenig Kohlenhydrate aufweist, kann sich schwierig gestalten. Eine gute Möglichkeit, um dich auch bei der Arbeit, der Ausbildung oder einfach unterwegs gesund und Low-Carb zu ernähren, ist die Vorbereitung deiner Mahlzeiten zu Hause.

Vielleicht hast du in diesem Zusammenhang schon mal den Trendbegriff »Meal Prep« gehört, der derzeit auf zahlreichen Social-Media-Kanälen wie Facebook, Twitter, Instagram und Co. unter dem Hashtag #mealprep zu finden ist. Meal Prep ist die Abkürzung für das englische »Meal Preparation« und bedeutet übersetzt nichts anderes als »Mahlzeiten vorbereiten«. Warum sich gerade der englische Begriff Meal Prep als Bezeichnung für diesen Trend etabliert hat, ist schnell erklärt. Der Begriff klingt modern und hip, während dem deutschen Wort »Vorkochen« doch eher etwas Altbackenes und Verstaubtes anhaftet. Es ist wie beim Bircher Müsli – diese Bezeichnung ist kaum noch salonfähig. Hingegen schwärmt man jetzt von Overnight Oats und vergisst dabei leicht, dass es sich um das gleiche Frühstück handelt.

Die Methoden für die Vorbereitung und das Vorkochen von Mahlzeiten sind im Grunde schon sehr alt. Denn das Ganze wurde schon praktiziert, als es noch keine Fast-Food-Läden, Kantinen und Restaurants im Überfluss gab. Für unsere Großmütter und Urgroßmütter waren die Vorbereitung von Mahlzeiten und das Vorkochen eine Selbstverständlichkeit.

Egal, wie man das Prinzip nennen möchte, heutzutage geht es beim Vorkochen darum, sich die Mahlzeiten für einen oder gleich für mehrere Tage herzurichten, in Behälter abzufüllen und so zu lagern, dass sie länger haltbar sind. Alles, was du über die Low-Carb-Vorbereitung für Berufstätige wissen musst, erfährst du in diesem Buch.

Warum Essen für unterwegs vorbereiten?

Das Vorkochen bietet zahlreiche Vorzüge, was diesen Trend derzeit eben so attraktiv macht. Wie du im Folgenden sehen wirst, lässt sich durch das Vorkochen viel Zeit, einiges an Ressourcen und auch Geld sparen.

Gezielteres Einkaufen spart Zeit und Geld

Um deine Mahlzeiten zu planen und vorzubereiten, musst du dir zwar einmal pro Woche Zeit nehmen, dafür musst du aber auch nur einmal einkaufen gehen und alle notwendigen Zutaten besorgen. Die Erfahrung zeigt, dass man weniger Geld ausgibt, wenn man sich für den Einkauf eine Einkaufsliste geschrieben hat. Außerdem gibt man auch generell weniger aus, wenn man nicht so viel Zeit im Supermarkt oder sonstigen Lebensmittelläden verbringt. Denn sonst ist die Versuchung groß, zu Dingen zu greifen, die man eigentlich gar nicht essen sollte und schon gar nicht für die Zubereitung von Low-Carb-Gerichten benötigt. Durch das gezielte Einkaufen verringert sich auch die Menge der Abfälle. Du gehst also bewusster mit Nahrungsmitteln um.

Eine Einkaufsliste hilft bei der Wochenplanung.

Manche Zutaten, die du einkaufst, kannst du gleich für mehrere Gerichte verwenden. Wer aber größere Mengen kauft, kann dies meistens auch zu einem günstigeren Einkaufspreis tun als bei kleineren Mengen. So sparst du erneut Geld.

Ein Vorteil vom Vorkochen ist zudem, dass du dir nur einmal pro Woche wirklich Gedanken über das Essen machen musst. Den

Rest der Woche kannst du die Zeit nutzen, um dich mit Freunden zu treffen, Zeit mit der Familie zu verbringen, Sport zu treiben oder einfach deinem Lieblingshobby nachzugehen.

Effizientes Arbeiten

Wahrscheinlich fragst du dich nun, wie lange du im Schnitt in der Küche stehen musst, um die Gerichte für eine Arbeitswoche vorzubereiten. Durchschnittlich sind es drei bis vier Stunden. Der Zeitaufwand ist insgesamt anfangs ähnlich groß, wie wenn du die Mahlzeiten einzeln zubereiten würdest. Allerdings musst du am Ende nur einmal aufräumen. So sparst du im Endeffekt viel Zeit. Auf Seite 26 findest du zudem Tipps für ein perfektes Zeitmanagement, die dir zeigen, wie du beim Vorkochen noch mehr Zeit gewinnen kannst.

Wenn du nur ein- bis zweimal pro Woche vorkochst, sparst du außerdem einiges an Energie. Der Backofen ist dann vielleicht schon vorgeheizt oder du kannst mehrere Gerichte gleichzeitig darin backen. Kochst du für mehrere Mahlzeiten größere Mengen einer Zutat vor, kannst du das in einem Topf und auf einer Herdplatte tun, statt mehrmals loslegen zu müssen. Und schließlich muss auch der Geschirrspüler nur einmal spülen, was Strom und Reinigungstabs spart.

Wenn du am Wochenende vorkochst, sparst du unter der Woche Zeit.

Volle Kontrolle über die Ernährung

Vielen Menschen ist es wichtig, sich auch unterwegs und an ihrem Arbeitsplatz gesund zu ernähren. Denn eine gesunde Ernährung versorgt den Körper mit der notwendigen Energie, um gestärkt durch einen langen Arbeitstag zu kommen. Gutes Essen unterstützt dich auch dabei, deine persönlichen Fitnessziele zu erreichen und unerwünschte Kilos zu verlieren. Bei einer Vollzeitarbeitsstelle hast du jedoch in der Regel nur eingeschränkte Möglichkeiten, dich gesund zu ernähren. Die Gerichte, die im Imbissladen um die Ecke angeboten werden, sind oftmals stark kohlenhydratlastig und nicht immer aus den besten Zutaten zubereitet. Zwar sind Gebratenes oder Brötchen von dort schnell geholt, diese Fast-Food-Snacks machen allerdings nicht lange satt und setzen sich gerne als Fettreserven an. Mit einer gesunden Ernährung hat das Angebot solcher Läden oftmals nichts zu tun. Wenn du stattdessen aber die Mahlzeiten für die Arbeit selbst vorbereitest, kannst du sicher sein, dass dein Körper mit den richtigen Nährstoffen versorgt wird.

Die Vorbereitung deiner Mahlzeiten hat auch den entscheidenden Vorteil, dass du dich ganz nach deinen Bedürfnissen und Vorlieben ernähren kannst. Du entscheidest, was du essen willst, wie du würzt und welche Mengen du verzehren möchtest. Du weißt ganz genau, was in deinem Essen wirklich drinsteckt. Dadurch, dass du Mahlzeiten selbst zubereitest, kannst du dich in der Regel gesünder ernähren, als wenn du abhängig bist vom oft eingeschränkten Angebot in Kantinen und Imbissen. Wenn du ganz genau sein möchtest, kannst du sogar die Kalorien deiner Mahlzeiten bestimmen, um deine Ernährung ganz bewusst zu gestalten. Insgesamt sorgt eine gute Planung deiner Mahlzeiten für eine besonders ausgewogene Ernährung.

Im Arbeitsalltag Zeit und Geld sparen

Berufstätige Menschen können einen sehr stressigen Arbeitsalltag haben. Wenn die Arbeitszeiten ungünstig liegen oder lange Anfahrtswege oder Staus zu bewältigen sind, fehlt oftmals die Zeit, um mehrmals in der Woche einkaufen zu gehen. Oder es gibt keine Gelegenheit, um sich noch frühmorgens vor der Arbeit Essen zu besorgen. Manchmal ist auch der Weg zum nächsten Imbiss weit und die Mittagspause kurz. Die Zeit oder die Möglichkeiten für eine komplette Zubereitung der Mahlzeiten am Arbeitsplatz sind in der Regel ebenfalls nicht gegeben. Gute Gründe, um Essen zu Hause vorzubereiten, dann, wenn man die Ruhe dafür hat.

Außerdem bedeutet es nicht nur einen erhöhten Zeitaufwand, sondern es ist in der Regel auch relativ teuer, sich jeden Tag unterwegs sein Essen zu kaufen. Selbst der günstigste Imbiss kostet meist mehr als ein selbst gekochtes Gericht. Und regelmäßige Restaurantbesuche in den Mittagspausen kommen für viele aus zeitlichen und finanziellen Gründen gar nicht infrage.

Wenn du dir nicht nur für die Arbeit, sondern auch für deine Abendessen Gerichte vorbereitest, sparst du zusätzlich Zeit und auch Nerven, da du nach einem langen Arbeitstag nicht mehr lange kochen musst. Richtig zubereitet und gelagert kannst du Mahlzeiten für mehrere Tage, ja sogar für die gesamte Arbeitswoche, aufbewahren. Du musst die jeweiligen Gerichte dann später nur wieder aus dem Kühlschrank, dem Tiefkühler oder dem Vorratsschrank holen, auftauen, aufwärmen oder sie direkt genießen.

Genug Zeit für die Gesundheit

Für einen gesunden Lebensstil ist nicht nur wichtig, was du isst, sondern auch, wie du isst. Du solltest dir immer ausreichend Zeit dafür nehmen. Wenn deine Mittagspause gerade einmal 30 Minuten lang ist, solltest du dich nicht abhetzen müssen, um ein Mittagessen von einem Imbissladen zu holen, und dein gerade gekauftes Essen unter Zeitdruck herunterschlingen, um wieder rechtzeitig an deinen Arbeitsplatz zurückkehren zu können.

Wer ein vorbereitetes Gericht dabei hat, muss nicht losziehen, um sich einen Fast-Food-Snack zu kaufen. Du sparst dir somit Zeit und kannst dich in der Arbeitspause einfach zum Mittagstisch hinsetzen und in aller Ruhe dein Mahl genießen. Wenn genug Zeit zum Essen zur Verfügung steht und du langsam essen kannst, fördert das nicht nur das Sättigungsgefühl, sondern im Allgemeinen auch insgesamt das Wohlbefinden. Ausreichende Pausen sind wichtig für Stressabbau und Entspannung. Sie sollen Raum bieten, um zur Ruhe zu kommen, bevor es wieder an die Arbeit geht.

Das Fazit: dank Vorkochen alles im Griff

Das Vorkochen hat den Vorteil, dass du die Portionen nach deinem individuellen Bedarf und in gewünschter Größe vorbereiten kannst. Diese ganz auf deine Bedürfnisse zugeschnittenen Portionen kannst du dann jederzeit und ohne großen Aufwand hervorholen und verzehren. So sorgst du für eine gesunde Ernährung, sparst Zeit und Geld und bestimmst selbst, was in deinen Mahlzeiten enthalten ist und was du zu dir nimmst. Die Vorbereitung deiner Mahlzeiten solltest du deshalb langfristig in deinen Alltag integrieren. Wenn du dir angewöhnst, eine Einkaufsliste zu schreiben, deinen Ernährungsplan im Voraus auszuarbeiten und dir genügend Zeit zum Vorbereiten deiner Mahlzeiten für die Arbeit zu nehmen, dann hast du deine Ernährung durchgehend selbst im Griff.

Warum Low-Carb?

Die Low-Carb-Diät hat viele Namen wie Atkins-Diät, New-York-Diät oder Ketogene Diät. All diese Namen stehen für das gleiche Prinzip: Du isst weniger Kohlenhydrate und setzt dafür auf mehr Proteine und Fett. Kohlenhydratreiche Nahrungsmittel wie Nudeln, Brot und Backwaren sowie Reis werden vom Speiseplan gestrichen und durch protein- und fettreiche Zutaten und Gerichte ersetzt.

In unseren Breitengraden wurde die Low-Carb-Diät in den 1970er-Jahren populär, als der Trend aus den USA nach Deutschland kam. Bekannt wurde diese Ernährungsform durch den Ernährungswissenschaftler Robert Atkins, der mit seinem Werk *Dr. Atkins' Diet Revolution* berühmt wurde. Doch schon vor Atkins, nämlich im späten 18. Jahrhundert, empfahl der Mediziner William Osler übergewichtigen Frauen, auf Zucker und Stärke zu verzichten und eine kohlenhydratarme Ernährung zu praktizieren. Etwa 100 Jahre später schrieb William Banting in dem Buch *Offener Brief über Korpulenz, an das gesamte Publikum gerichtet*, dass die Bevölkerung weniger Kohlenhydrate, dafür aber mehr Fleisch essen solle. Seine angeratene Diät gilt als Vorlage für Atkins' Diät.

Warum Ernährungswissenschaftler eine kohlenhydratarme Ernährung zur Gewichtsabnahme empfehlen, ist leicht erklärt. Kohlenhydrate, vor allem kurzkettige wie raffinierter Zucker, lassen den Blutzuckerspiegel schnell ansteigen und haben dadurch einen großen Einfluss auf den Insulinspiegel. Insulin wird vermehrt ausgeschüttet, um die Glucose im Blut rasch in die Zellen zu transportieren und den Blutzuckerspiegel zu senken. Durch den schnell abfallenden Blutzuckerspiegel ist nun ein Überschuss an Insulin im Blut, der nach erneuter Zufuhr von Glucose verlangt. Die Folge dieser Berg-und-Tal-Fahrt von Blutzucker in Verbindung mit dem Insulin ist ein rasch zurückkehrendes Hungergefühl. Je größer die Schwankung, desto schneller kehrt der Hunger zurück, bis hin zu einer Heißhungerattacke. Wenn du längere Zeit auf Kohlenhydrate verzichtest, hältst du deinen Blutzuckerspiegel konstant und vermeidest Heißhungerattacken.

Verschiedene Studien zeigen, dass Probanden, die sich kohlenhydratarm ernährten, aufgrund des höheren Sättigungsfaktors von Proteinen und Fetten deutlich weniger Kalorien zu sich nahmen als die Kontrollgruppe. Die Probanden der Kontrollgruppe ernährten sich entweder normal oder folgten einer fettreduzierten Ernährung, sie benötigten deutlich mehr Kalorien, um ein anhaltendes Sättigungsgefühl zu erreichen.[1, 2, 3, 4, 5]

In Studien zum Gewichtsverlust, die eine kohlenhydratarme Ernährung mit fettreduzierter Ernährung verglichen, nahmen die Probanden mit Low-Carb deutlich effektiver ab als die Kontrollgruppe mit der fettreduzierten

Diät.[6,7] Des Weiteren hat eine Low-Carb-Lebensweise einen positiven Einfluss auf verschiedene gesundheitliche Faktoren. Erhöhte Blutfettwerte sinken auf Normalniveau. Die Konzentration und das Verhältnis von HDL (High Density Lipoprotein) zu LDL (Low Density Lipoprotein) wird verbessert.[8,9]

Du kannst eine Low-Carb-Diät unterschiedlich streng durchführen, um relativ rasch und dauerhaft Gewicht zu verlieren. Bei einer moderaten Low-Carb-Diät werden in der Regel bis zu 100 Gramm Kohlenhydrate pro Tag gegessen. Dieser Wert hat sich insbesondere für Low-Carb-Einsteiger bewährt.

Die populäre Atkins-Diät zum Beispiel setzt in der Einführungsphase auf maximal 20 Gramm Kohlenhydrate täglich. In weiteren Phasen werden bei Atkins die täglichen Kohlenhydratmengen in festgelegten Zeitabständen schrittweise gesteigert, bis die individuelle Kohlenhydratgrenze gefunden ist. Die Ketogene Diät ist noch strenger, je nach Diätform ist hier das Verhältnis von Fett zu Kohlenhydraten/Proteinen typischerweise 3 : 1, 4 : 1 oder 5 : 1.

All das kannst du im Rahmen einer Low-Carb-Ernährung essen.

Weitere Informationen zu den verschiedenen Low-Carb-Ernährungsformen findest du in unserem ersten Buch *Schlank mit Low-Carb – Das 28-Tage-Programm.*

Menschen, die eine Low-Carb-Diät konsequent durchführen, können in den ersten Monaten besonders viel abnehmen. Wer die Diät weiter zielstrebig einhält, kann auch danach noch mehr an Gewicht verlieren und von gesundheitlichen Verbesserungen profitieren.

Low-Carb High-Quality

Um eine Low-Carb-Ernährung für dich so einfach und übersichtlich wie möglich zu gestalten, haben wir Low-Carb High-Quality entwickelt. Dieses Ernährungsprinzip basiert auf vier simplen Grundsätzen, die sich im Alltag unkompliziert anwenden lassen. Mit diesen Grundsätzen kannst du generell für dich klären, wie viel du wovon essen bzw. welche Lebensmittel du nicht essen solltest.

Grundsatz 1: Welche Lebensmittel gilt es zu vermeiden?

Bestimmte Lebensmittel oder Lebensmittelgruppen sollten in einer ganzheitlichen Low-Carb-Ernährung allgemein keine Anwendung finden. Sie sind gerade für Einsteiger kontraproduktiv und können gewünschte Erfolge ausbremsen. Zu meiden sind: raffinierter Weißzucker, künstliche Süßstoffe und Agavendicksaft, Getreide und Getreideprodukte, Fertiggerichte jeglicher Art, Fruchtsäfte als Getränk und Erfrischungsgetränke. Dabei gibt es eine Ausnahme: Die Haferkleie ist aufgrund ihrer positiven Eigenschaften bei Low-Carb High-Quality erlaubt.

All diese Lebensmittel oder Lebensmittelgruppen solltest du grundsätzlich von deinem Speiseplan streichen.

Grundsatz 2: Wie viele Kohlenhydrate am Tag sind erlaubt?

Aus jahrelanger Erfahrung hat sich als sehr guter Einstieg für die meisten Menschen als oberer Referenz- und Grenzwert ergeben, dass 15 Prozent des individuellen Energiebedarfes am Tag aus Kohlenhydraten gedeckt werden sollten. Diese Grenze von 15 Prozent täglich rechnest du nach deinem individuellen Kalorienbedarf aus. Bei einem Energiebedarf eines durchschnittlichen Erwachsenen von ca. 2000 Kcal liegt der Grenzwert beispielsweise bei rund 73 Gramm Kohlenhydraten am Tag.

Diesen Grenzwert kannst du bei Bedarf für dich weiter nach unten skalieren. Du kannst dich aber auch in einem höheren persönlichen Bereich bewegen, in dem du dich wohlfühlst.

Wichtig ist: Bei Low-Carb High-Quality musst du nicht sklavisch genau darauf achten, ob du nun jeden Tag ganz genau die errechneten Kohlenhydrate verzehrt hast. Weniger als diese 15 Prozent sind immer gut, in Ausnahmefällen schadet etwas mehr jedoch auch nicht. Das Low-Carb-High-Quality-Prinzip ist extra flexibel und einfach gehalten.

Möchtest du deinen individuellen Bedarf nicht ausrechnen, dann kannst du zur Vereinfachung auch eine Kohlenhydratgrenze von 100 Gramm Kohlenhydraten am Tag festlegen.

Grundsatz 3: Wie viele Kohlenhydrate sollte ein Lebensmittel haben?

Bei Low-Carb High-Quality musst du nicht auf die Menge der Kohlenhydrate in den einzelnen Lebensmitteln achten. Wenn du die Lebensmittelgruppen aus dem Grundsatz1 vermeidest, reicht es aus, auf die Kohlenhydratmenge je Gericht bzw. Mahlzeit zu schauen.

Im Mittel sollte jedes Gericht einen Höchstwert von 10 bis 15 Prozent an Kohlenhydraten nicht überschreiten. Auch hier gilt: Weniger ist immer besser. Falls ein Snack doch einmal ein paar Kohlenhydrate mehr aufweisen sollte, dann ist letztlich wichtig, am Ende einfach die tägliche Kohlenhydratmenge einzuhalten.

Grundsatz 4: Wie sollte der Speiseplan aussehen?

Deinen täglichen Bedarf an Essen solltest du überwiegend aus Gemüse, Proteinen, Ölen und Fetten decken. Auch auf eine ausreichende Flüssigkeitszufuhr, idealerweise Wasser, solltest du achten.

Kokosöl ist optimal für die Low-Carb-Küche.

Allgemein ist es ratsam, hochwertige proteinreiche Lebensmittel zu konsumieren. Deine Nahrungsmittel solltest du immer mit qualitativ guten Ölen (z. B. Kokosöl) und Fetten kombinieren.

Die Lebensmittel, die in Grundsatz 1 genannt wurden, solltest du dabei ausschließen.

Die vier Low-Carb-High-Quality-Grundsätze in Kürze

Für eine erfolgreiche Durchführung von Low-Carb High-Quality musst du nicht viel beachten. Die einzelnen Grundsätze sind nach ihrer Reihenfolge gewichtet.

Grundsatz 1: Meide Lebensmittelgruppen bzw. Lebensmittel wie raffinierten Weißzucker, Agavendicksaft, Fertiggerichte und Getreide.

Grundsatz 2: Decke nicht mehr als 15 Prozent deines täglichen Energiebedarfes aus Kohlenhydraten. Weniger ist besser. Finde deine persönliche Wohlfühlspanne.

Grundsatz 3: Achte darauf, dass jedes Gericht nicht mehr als 10 bis 15 Prozent Kohlenhydrate aufweist. Weniger ist auch hier wieder besser.

Grundsatz 4: Nimm viel Gemüse und Proteine zu dir. Bei Bedarf kannst du 10 bis 15 Prozent deiner Gemüseration durch Obst deiner Wahl ersetzen. Ganz allgemein: Achte auf Qualität, bevorzuge etwa Bioprodukte. Kombiniere Gemüse, Fleisch und Fisch mit hochwertigen Ölen und Fetten.

Die Vorteile des Vorkochens bei der Low-Carb-Ernährung

Eine Low-Carb-Ernährung konsequent und dauerhaft umzusetzen, ist ohne die Vorbereitung von Mahlzeiten nicht ganz einfach. Insbesondere, wenn du berufstätig bist. Denn kohlenhydratarme Speisen und Snacks bekommst du nicht so leicht, wenn du unterwegs etwas essen möchtest. Wir leben in einer noch auf Kohlenhydrate ausgerichteten Gesellschaft. Allein die DGE (Deutsche Gesellschaft für Ernährung e.V.) empfiehlt, mehr als 50 Prozent der Energiezufuhr in Form von Kohlenhydraten zu decken. Entsprechend sieht das Angebot vieler Läden aus.

Meistens bestehen die Imbisse aus Brötchen und die Beilagen aus Nudeln, Klößen oder anderen Teigwaren. Asiatische Nudeln, Reis und Sushi sind bei Low-Carb allerdings tabu. Pizza oder Burger solltest du ebenfalls nicht essen. Du müsstest jedes Mal die Burgerbrötchen oder den Sushi-Reis entfernen und nur die restlichen Zutaten verspeisen. Außerdem sind die meisten Snacks nicht besonders gesund, wenn es sich nicht gerade um frisch zubereitete Gerichte aus einem Bioladen handelt. Die üblichen Fertiggerichte enthalten in der Regel Geschmacksverstärker und andere unnötige Zusatzstoffe. Tatsächlich kannst du oft nicht genau wissen, was du isst, wenn du Fast Food kaufst. Willst du dich ganz sicher nach den Low-Carb-Prinzipien ernähren, ist es daher empfehlenswert, das Essen vorab zuzubereiten und zur Arbeit mitzunehmen. So hast du gesunde Mahlzeiten mit wenig Kohlenhydraten zur Verfügung und weißt genau, was du deinem Körper zuführst. Das hilft dir auch dabei, Low-Carb ohne große Probleme und absolut konsequent, ohne Rückfallgefahr, umzusetzen.

Wie bereits gesagt, lassen gerade kurzkettige Kohlenhydrate wie Stärke und Zucker den Insulinspiegel schnell ansteigen und wieder abfallen. Der Körper verlangt dabei nach mehr schnell verfügbaren Kohlenhydraten, um den Blutzuckerspiegel wieder auszugleichen. Eine Heißhungerattacke ist die Folge. Statt sich diesem Zyklus auszusetzen, hast du die Möglichkeit, durch Vorkochen stets leckeres und gesundes Low-Carb-Essen zur Hand zu haben.

Wenn du dein Essen vorbereitest, hast du für deine Mahlzeiten auch viel mehr Auswahlmöglichkeiten als die üblichen belegten Brötchen vom Bäcker nebenan. Bei einer Low-Carb-Ernährung werden solche Snacks durch hochwertige Nahrungsmittel wie zum Beispiel frische Salate mit einem leckeren Dressing ersetzt. Gerade Suppen, Eintöpfe oder Aufläufe lassen sich prima vorbereiten und in der Büroküche aufwärmen. Als Nachtisch oder Hilfsmittel gegen das Nachmittagstief eignen sich beispielsweise Nüsse mit getrockneten Früchten oder kohlenhydratarme Muffins, die sich lange halten und die du für die gesamte Arbeitswoche vorbereiten kannst. Mit den richtigen Zutaten zubereitet, geben dir diese Gerichte alle wichtigen Nährstoffe, die dein Körper zum Sattwerden und Gesundbleiben benötigt. Sie sind der perfekte Energielieferant, um konzentriert und fit durch den stressigen Berufsalltag zu kommen. Du wirst produktiver arbeiten, was sich auch auf deine berufliche Zukunft positiv auswirken kann. Viel wichtiger ist aber, dass du mit selbst vorbereiteten Gerichten deine Fitness- und Gewichtsziele effektiv erreichen kannst. Die gesunde Ernährung, zu der du aufgrund des Vorkochens jederzeit Zugang hast, unterstützt deinen Körper dabei, seine Abwehrkräfte zu stärken. Die Anfälligkeit für Krankheiten sinkt. Abgesehen davon sorgst du mit vorbereiteten Mahlzeiten dafür, dass Pizza, Pommes und Burger nicht mehr in deinem Ernährungsplan vorkommen.

Bevor es mit der Low-Carb-Vorbereitung losgeht

Um gesunde und köstliche Low-Carb-Gerichte zubereiten zu können, benötigst du zuallererst einen Vorrat an guten Zutaten. Dazu zählen Öle, Gewürze und Kräuter, Süßungsmittel, Samen und Kerne, Nüsse sowie Low-Carb-Mehle und -Nudeln. Des Weiteren brauchst du für viele Rezepte Zwiebeln, Knoblauch, Senf, Tomatenmark und Quinoa. Lebensmittel wie Obst, Gemüse, Fisch und Fleisch solltest du stets möglichst frisch ein-

Solche Gläser eignen sich hervorragend zum Aufbewahren von Suppen oder Salaten.

kaufen. Biologisch produzierte sowie saisonale und regionale Lebensmittel gehören zu den bevorzugten Zutaten für dein Vorkochen.

Neben den Besorgungen für einen Grundvorrat an guten Lebensmitteln sowie den frischen Zutaten für deine wöchentlichen Low-Carb-Gerichte musst du auch ausreichend Vorratsbehälter und Platz zum Aufbewahren der zubereiteten Gerichte haben. Decke dich also mit Behältern ein, in denen du deine Mahlzeiten aufbewahren kannst. Das können Dosen aus Kunststoff oder Glasgefäße sein. Wichtig ist allerdings, dass sich diese Behälter luftdicht verschließen lassen. Auch sollten sie auslaufsicher sein, damit du problemlos Saucen und Suppen darin transportieren kannst. Behälter aus ofenfestem Glas haben den Vorteil, dass du den portionierten Auflauf auch gleich darin aufwärmen kannst. So sparst du dir das Umfüllen. Ausführliche Informationen zum Thema Behälter findest du auf Seite 21.

Wenn du dich um die Vorräte und die Behälter für deine Low-Carb-Gerichte gekümmert hast, solltest du dich dem erhöhten Platzbedarf im Kühlschrank zuwenden. Insbesondere wenn du je zwei bis drei Mahlzeiten für die kommenden Tage zubereiten und diese kühl lagern möchtest, brauchst du ausreichend Platz. Schaffe deshalb Ordnung im Kühlschrank, sortiere um und miste aus. Wenn du nur ein kleines Gefrierfach im Kühlschrank zur Verfügung hast, musst du deine Vorratsplanung für die kommenden Tage entsprechend anpassen. Koche also nur so viele Portionen vor, wie du in den nächsten Tagen verspeisen kannst, und friere jene Mahlzeiten ein, die du eher gegen Ende der Woche essen möchtest.

Im Vorratsschrank solltest du ebenfalls einmal gründlich aufräumen. Vielleicht musst du ein zusätzliches Regal einbauen, um Platz zu schaffen. Oder aber du findest im Keller oder an einem anderen dunklen und kühlen Raum in der Wohnung noch Platz für Vorräte.

Wenn all diese Vorbereitungen erledigt sind, musst du einen guten Wochenplan erstellen. Überlege dir dazu in Ruhe, was du an den kommenden Tage essen möchtest. Suche Rezepte heraus und schreibe eine Einkaufsliste, damit du im Supermarkt wirklich nur das besorgst, was du benötigst.

In diesem Buch findest du viele leckere Low-Carb-Rezepte, die sich unkompliziert vorbereiten und gut aufbewahren lassen, beispielsweise Suppen und Pfannengerichte, Aufläufe und Muffins. Natürlich kannst du dich auch durch Rezepte im Internet inspirieren lassen. Auf unserer Low-Carb-Website www.lowcarbkompendium.com gibt es zahlreiche Ideen zu entdecken. Du kannst dich auch mit Gleichgesinnten in unserer Community austauschen (www.lowcarb.camp).

Am Anfang solltest du erst einmal nur für drei Tage vorkochen, damit du ein Gefühl für das richtige Vorgehen bekommst. Wenn du mit der Zeit etwas mehr Routine hast, kannst du tatsächlich für eine ganze Woche daheim vorsorgen. Auf Seite 24 erfährst du unter »Tipps zur Essensplanung: So läuft die Vorbereitung richtig rund« mehr über die verschiedenen Varianten und Strategien beim Vorkochen.

Das Haltbarmachen von Lebensmitteln – eine alte Tradition

Auch wenn es sich beim Vorkochen um einen aktuellen Trend handelt, wird das Zubereiten und Haltbarmachen von Lebensmitteln doch spätestens seit der Entdeckung der Feldwirtschaft praktiziert. Denn wer selbst Gemüse anbaut, erntet meistens mehr, als er essen kann. Darüber hinaus wurden früher keine Lebensmittel aus anderen Ländern importiert, die dann im Supermarkt gekauft werden konnten. Im Winter herrschte Lebensmittelknappheit. Die Menschen suchten also nach Möglichkeiten, um den saisonalen Lebensmittelüberschuss haltbar zu machen. Fleisch und Fisch wurden in Salz eingelegt oder geräuchert, um sie lagern zu können. Obst, Gemüse und Kräuter wurden getrocknet, an einem kühlen und dunklen Ort gelagert oder eingekocht. Man fand auch heraus, dass in Zucker, Salz oder Alkohol eingelegte Lebensmittel länger halten.

Einkochen

Die Geschichte des Einkochens hängt eng mit jener von Napoleon Bonaparte zusammen, der seine Truppen besser versorgen wollte und eine beträchtliche Summe Geld in die Entdeckung eines Konservierungsverfahrens investierte. Beauftragt wurde damit Nicolas Appert, der im Jahr 1810 12 000 Goldfrancs von Bonaparte erhielt. Appert fand heraus, dass Lebensmittel sich länger halten, wenn sie auf 100 °C erhitzt und in einem luftdichten Behälter aufbewahrt werden. Seine Erkenntnisse fasste er in dem Buch *Die Kunst, alle animalischen und vegetabilischen Substanzen, nämlich alle Gattungen Fleisch, Geflügel, Wildbret, Fische, Zugemüse, Küchen- und Arzneygewächse, Früchte, Sulzen, Säfte; ferner Bier, schon zum Genusse völlig bereiteten Kaffeh, Thee u.s.w., in voller Frische, Schmackhaftigkeit und eigentümlicher Würze mehrere*

Für Suppen eigenen sich Weckgläser besonders gut.

Jahre zu erhalten zusammen. Dieser ausführliche Buchtitel verrät bereits genau, worum es geht und dass das Haltbarmachen von Lebensmitteln schon damals möglich war.

Für das Vorkochen, so wie wir es in diesem Buch praktizieren, ist es nicht wichtig, dass die Zutaten mehrere Wochen oder Monate halten. Aber aus dem oben Genannten ergibt sich, dass ein Vorkochen von Mahlzeiten für eine ganze Woche problemlos möglich ist.

Was sich besonders zum Vorkochen eignet, sind Suppen und Eintöpfe. Sie lassen sich gut in Einmachgläser abfüllen, direkt nach dem Kochen verschließen und nach dem Abkühlen im Kühlschrank aufbewahren. Eintöpfe werden durch die Lagerung zudem meistens sogar noch besser. Denn die Zutaten und Gewürze können sich während der Lagerzeit gut miteinander verbinden, was den Gesamtgeschmack steigert. Ab Seite 53 findest du Ideen für leckere Eintöpfe und Suppen.

Ein Beispiel für das Einkochen ist unsere Gemüsebrühe auf Seite 37.

Zutaten trocknen – altbewährtes Haltbarmachen

Das Trocknen von Kräutern, Obst sowie Fisch und Fleisch gehört zu den ältesten Konservierungsmethoden der Welt. Früher war es sogar üblich, eigene Gebäude zum Trocknen von Lebensmitteln aufzustellen. Darin befand sich ein Ofen, der den Trocknungsvorgang beschleunigte. Damit es im Fall eines Brandes nicht zu einer totalen Katastrophe kam, stellte man die Trockenhäuser etwas abseits vom Wohn- und Wirtschaftstrakt auf.

Heute kannst du zahlreiche Lebensmittel an der Luft, in der Mikrowelle oder im Backofen trocknen. Oder du besorgst dir einen Dörrautomat, der stromsparend und schonend arbeitet. Das Trocknen bringt viele Vorteile: Durch den Entzug der Flüssigkeit wird das Wachstum von Bakterien oder Schimmel verlangsamt und Lebensmittel werden dadurch länger haltbar. Dazu kommt, dass du getrocknete Waren nicht im Kühlschrank aufbewahren musst, du sparst also Platz. Richtig getrocknet und gelagert halten die Lebensmittel länger als im Tiefkühler. Der größte Vorteil ist aber, dass du dir viele gesunde Snacks selbst herstellen kannst. Dazu zählen beispielsweise getrocknete Gemüsechips zum Knabbern und getrocknetes Obst wie Bananen oder Beeren für den Appetit auf Süßes zwischendurch. Neben Gemüsechips und Dörrobst zählt auch Trockenfleisch zu den Klassikern.

Getrocknete Lebensmittel kannst du zwar schon fertig im Lebensmittelladen kaufen, sie sind aber oftmals teuer und manchmal auch mit Zusätzen wie Zucker, Salz oder minderwertigem Fett versehen, die du in deinem Essen nicht haben möchtest. Du sparst beim Selbsttrocknen also nicht nur Geld, sondern auch Kalorien und vermeidest unerwünschte Zusätze.

Bei all den Methoden zum Trocknen von Lebensmitteln ist das Trocknen im Dörrautomaten am empfehlenswertesten. Denn die Lufttrocknung dauert oft zu lange, sodass die Zutat verdirbt, bevor sie trocken ist. Außerdem können dabei Insekten und Staub in die Nahrungsmittel gelangen und sie verunreinigen.

Wer im Backofen bei 50 °C trocknet, sollte die Backofentüre stets einen Spalt offen lassen, damit eine Luftzirkulation möglich ist. Oft muss der Backofen sehr lange laufen, bis das Obst oder das Fleisch getrocknet ist. Das kostet viel Energie, weshalb diese Methode ineffizient ist. Trocknen in der Mikrowelle ist zwar möglich, dabei werden die Lebensmittel jedoch nicht schonend zubereitet. Das Dörren geht zwar relativ schnell, die Temperaturen sind aber oftmals zu hoch, sodass Vitamine in Gemüse und Obst darunter leiden. Der Dörrautomat hingegen ist speziell zur Trocknung von Lebensmitteln entwickelt worden. Er trocknet schnell, schonend und energiesparend. Beim Trocknen im Dörrautomaten kannst du praktisch nichts falsch machen. Er läuft auch über Nacht geräuscharm, sodass du besonders wasserhaltige Lebensmittel zuverlässig trocknen kannst.

Lagere das getrocknete Essen in einem trockenen und luftdichten Behälter, am besten in einem sterilisierten Schraubglas. Es sollte an einem dunkeln, kühlen und trockenen

Selbst gemachte Apfelchips sind ein leckerer Low-Carb-Snack.

Ort aufbewahrt werden. Wenn du beim Trocknen und Lagern alles richtig gemacht hast, sollten dein Dörrobst, das Trockenfleisch und die Gemüsechips bis zu einem Jahr genießbar sein.

Für deine Low-Carb-Ernährung kannst du prima Apfelchips, getrocknete Bananen, Erdbeeren, Pflaumen, Weintrauben und Feigen verwenden. Achte beim Genuss von Dörrobst aber auf den Gehalt an Kohlenhydraten und genieße getrocknetes Obst in Maßen. Tipp: Trockenobst kannst du prima zusammen mit Nüssen oder Samen knabbern oder beispielsweise Quarkspeisen und Joghurt damit verfeinern. Auch zum Weiterverarbeiten in Muffins ist Dörrobst ideal. Durch die Kombination mit Lebensmitteln mit weniger Kohlenhydraten senkst du ganz einfach den Kohlenhydratgehalt deiner gesamten Zwischenmalzeit und isst dadurch merklich weniger Kohlenhydrate, als wenn du für deinen Snack nur Trockenobst zu dir nehmen würdest.

Getrocknetes Gemüse wie Zucchini, Rote Rüben oder Karotten sowie Pilze wie Steinpilze, Champignons, Pfifferlinge eignen sich ebenfalls bestens für die Low-Carb-Ernährung.

Frisch geerntete oder gekaufte Kräuter wie Petersilie, Basilikum, Rosmarin und Salbei kannst du gut an der Luft trocknen und später für das Vorkochen verwenden. Wenn du Fleisch und Fisch trocknen möchtest, solltest du auf eine hervorragende Qualität achten. Beef Jerky ist besonders proteinreich und der ideale Snack für unterwegs.

Auch Nüsse vom eigenen Baum lassen sich trocknen und den ganzen Winter über als Snack oder für die Zubereitung von Low-Carb-Muffins verwenden.

Was es zu beachten gilt

Die Lagerung von Zutaten und Lebensmitteln

Bei der Lagerung von Lebensmitteln lassen sich grundsätzlich drei verschiedene Aufbewahrungsvarianten unterscheiden:

- Vorratskammer
- Kühlschrank
- Tiefkühlfach/Gefrierschrank

In der Vorratskammer sollten alle Zutaten gelagert werden, die nicht gekühlt werden müssen. Dennoch sollte die Vorratskammer kühl

Kräuter selbst einfrieren: hacken, in Eiswürfelbehälter füllen und mit etwas Öl übergießen.

und dunkel sein. So kannst du darin Öl, Essig und auch Zutaten wie Quinoa oder Ähnliches sehr gut aufbewahren. Auch einige Obst- und Gemüsesorten vertragen die Lagerung im Kühlschrank nur bedingt. Beim Obst kannst du dich gut an folgender Faustregel orientieren: Heimisches Obst mag es kühl, exotische Sorten mögen es wärmer. Lagere also Obst wie Bananen, Orangen, Mangos oder auch Ananas und Papaya nicht im Kühlschrank, sondern in deiner Vorratskammer, um sie möglichst lange frisch und lecker zu halten.

Im Kühlschrank werden alle Lebensmittel aufbewahrt, die ohne eine ausreichende Kühlung schnell verderben würden. Dazu zählen neben heimischen Gemüse- und Obstsorten selbstverständlich auch Zutaten wie Wurst, Fleisch, Käse und Fisch. Achte dabei auf die verschiedenen Temperaturzonen deines Kühlschranks, um die Produkte optimal und in der richtigen Temperierung aufzubewahren.

In das Gefrierfach kommen alle Zutaten, die du entweder nur in kleinen Mengen benötigst oder die du nicht frisch beziehen kannst. Kräuter lassen sich beispielsweise hervorragend vorportionieren und einfrieren und stehen dir somit rund ums Jahr zur Verfügung.

Die richtigen Behälter

Selbstverständlich spielt nicht nur die Zubereitung, sondern auch die Lagerung der fertigen Mahlzeiten eine wichtige Rolle. Je nach Mahlzeit kannst du hierbei auf ein ganzes Sortiment unterschiedlicher Behälter zurückgreifen. Wichtig ist in jedem Fall, dass die gewählten Behälter sich möglichst luftdicht verschließen lassen. Ein weiterer wichtiger Faktor ist die einfache Aufbewahrung der fertigen Gerichte. Besonders bewährt haben sich unter anderem die Lock-and-Lock-Plastikvarianten, welche sich sehr dicht verschließen lassen und in vielen verschiedenen

Größen erhältlich sind. Alternativ gibt es auf dem Markt auch diverse Schüsseln aus Glas mit einem entsprechend gut abdichtenden Deckel, welche sowohl für den Backofen als auch für den Gefrierschrank geeignet sind. Als dritte Variante bieten sich klassische Gläser mit Schraubverschluss an, welche ebenfalls eine luftdichte Verpackung der Mahlzeiten erlauben.

Einmachgläser eignen sich ideal zum Aufbewahren von vorbereiteten Gerichten. Du erhältst sie in verschiedenen Größen und Formen. Das zumeist hohe Format ermöglicht dir, auch Suppen und Salate sicher darin zu transportieren. Zudem lassen sich hochformatige Behälter besser in der Tasche verstauen.

Falls du nicht nur deine Mittagsmahlzeiten, sondern auch die Abendgerichte oder sogar das Frühstück vorbereiten möchtest, solltest du entsprechend viele Behälter in passenden Größen zur Hand haben. In durchsichtigen Dosen kannst du besser erkennen, welches Gericht sich darin befindet. Zudem helfen stapelbare Dosen beim Platzsparen im Kühlschrank oder in der Vorratskammer.

Du musst grundsätzlich überlegen, in welcher Form du deine Gerichte am liebsten aufbewahrst und wie du diese anschließend erwärmst. Steht beispielsweise nur ein Backofen zur Verfügung, sind Lösungen aus Glas eine gute Wahl. Für die Mikrowelle hingegen eignen sich Kunststoffvarianten ebenso gut und bieten zudem den Komfort des geringeren Gewichts.

Tipp: Behältnisse aus Glas sondern keine chemischen Komponenten ab, wie das bei Plastikbehältern der Fall sein kann. Sie sind zudem spülmaschinenfest, hitzebeständiger und sehen obendrein appetitlicher aus als ihr Pendant aus Kunststoff. Achte bei Kunststoffbehältern unbedingt auf hohe Qualität und auf die ausgewiesene Eignung für Lebensmittel.

Gut aufbewahren

Wichtig ist nicht nur, dass du gute und hochwertige Zutaten wählst, du musst die fertigen Gerichte auch passend aufbewahren. Grundsätzlich stehen dir hierfür vor allem der Kühlschrank und der Gefrierschrank zur Verfügung. Eine Aufbewahrung in der Vorratskammer ist bei fertigen Gerichten eher selten anzuraten. Wo du deine fertigen Mahlzeiten lagerst, hängt auch noch davon ab, nach welchem System du das Vorkochen betreibst. Wenn du immer nur für zwei oder drei Tage Mahlzeiten vorbereitest, kannst du diese problemlos gut verschlossen in den Kühlschrank stellen. Wenn du allerdings für eine ganze Woche vorkochst, solltest du einige der Gerichte einfrieren und diese erst bei Bedarf wieder auftauen. Versuche nach Möglichkeit, die meisten Gerichte nicht länger als zwei oder maximal drei Tage im Kühlschrank aufzubewahren. Eine längere Zeitspanne kann nämlich den Geschmack beeinträchtigen und so auch deine Lust am Vorkochen mindern.

Tipps zum Einfrieren und Auftauen

Ein Gefrierschrank oder eine Gefriertruhe macht die Mahlzeitenvorbereitung deutlich einfacher und kann dir bei der Vorratshaltung helfen. Besonders gut ist es beispielsweise, wenn du über ausreichend Platz verfügst, um Zutaten einzufrieren, die du dann direkt verwenden kannst. Gerade beim Gemüse kann Tiefkühlware tatsächlich sogar deutlich gesünder sein als das frische Gemüse vom Markt oder aus dem Supermarkt. Die Erklärung dafür ist denkbar simpel. Direkt nach der Ernte ist der Vitamin- und Nährstoffgehalt bei den meisten Gemüsesorten am höchsten. Werden diese jetzt über mehrere Tage zum Supermarkt transportiert und dort nochmals gelagert, gehen viele Vitamine und Nährstoffe verloren. Das gefrorene Gemüse dagegen wird oftmals direkt vom Acker weg zubereitet und schockgefroren. Somit bleiben die meisten Nährstoffe erhalten. Zudem bietet eine große Auswahl unterschiedlicher Gemüsesorten im Gefrierschrank den angenehmen Vorteil der Flexibilität. Du kannst dich bequem für eine Rezeptvariante entscheiden, ohne hierfür separat einkaufen zu müssen.

Selbstverständlich kannst du auch viele Zutaten selbst einfrieren, wenn diese beispielsweise gerade Saison haben oder im Angebot erhältlich sind. Allerdings lassen sich nicht alle Zutaten leicht und gut einfrieren. Kartoffeln beispielsweise haben im Gefrierschrank nichts verloren. Ähnlich wie Tomaten verlieren sie nach dem Auftauen ihre Struktur und sind weder sonderlich appetitlich noch gut zuzubereiten. Grundsätzlich gilt dies für viele Gemüsesorten mit einem hohen Anteil an Wasser oder Stärke. Diese können und sollten nur nach der Zubereitung eingefroren werden, damit dieser Effekt nicht oder zumindest nicht so stark auftritt.

Ebenso interessant wie wichtig ist die Tiefkühltruhe oder der Gefrierschrank, wenn es um fertige und vorbereitete Gerichte geht. Denn hier spielt das System seine Stärken erst richtig aus. Du kannst viele Gerichte vorbereiten und anschließend portionsweise einfrieren. Nimmst du das Gericht dann am Morgen aus der Kühlung, taut es in der Regel bis mittags auf und kann anschließend in der Arbeit mithilfe der Mikrowelle oder dem Ofen erwärmt werden. Bei fertigen Gerichten musst du die oben genannten Einschränkungen nicht mehr beachten. So lassen sich beispielsweise auch Kartoffelplätzchen problemlos einfrieren und anschließend wieder auftauen.

Das Problem ist, dass die meisten von uns nur selten unbegrenzt Platz im Gefrierschrank haben. Aus diesem Grund hier ein einfacher und praktischer Tipp. Friere dein Essen in Gefrierbeuteln ein. Lege den Beutel mit dem Essen zunächst in eine passende Dose und friere diese ein. Ist der Inhalt gefroren, kannst du die Dose wieder entfernen und die Beutel ganz einfach stapeln. Das spart Platz und sorgt für mehr Übersicht. Zudem kannst du dein Essen so auch komfortabel transportieren. Einfacher lässt sich die Vorbereitung deiner Speisen kaum organisieren.

Vorratshaltung klug gemacht

Wenn du entspannt und vor allem ohne Stress Vorkochen möchtest, dann spielt der Begriff Vorratshaltung eine nicht unerhebliche Rolle. Denn viele Zutaten lassen sich im Voraus einkaufen und einlagern, sodass deine Einkaufslisten auf Dauer eher kürzer und übersichtlicher werden. Doch Vorratshaltung hat auch ihre Tücken. Wer einmal abgelaufene Lebensmittel wegwerfen muss, verflucht sehr häufig das eigene unübersichtliche Lagersystem. Je besser du deinen Vorratsbereich strukturierst, umso stärker profitierst du von der Vorratshaltung. Hierzu ist es allerdings notwendig, von Anfang an organisiert vorzugehen. Hierbei helfen Listen und Aufkleber besonders gut. Notiere auf den Aufklebern beispielsweise Nummern und lagere deine Vorräte anschließend ein. Auf einer Liste notierst du dann die Nummer, die Art des Lebensmittels und vor allem das Mindesthaltbarkeitsdatum. Wenn du dann etwas aus dem Vorrat entnimmst, kannst du immer die älteste Variante wählen und somit ein Verderben vermeiden. Zudem erkennst du auf der Liste sofort, welche Vorräte du wieder auffüllen musst. Einfacher und noch strukturierter geht dies unter anderem per Smartphone-App oder auch per Computer, sodass du deine Listen immer gut sortiert zur Hand hast. Am Anfang ist das System vielleicht ein wenig gewöhnungsbedürftig, doch mit der Zeit wirst du die Vorteile schätzen lernen. Zudem hast du immer einen Überblick über deine Vorräte und kannst diese bei den Planungen deiner Mahlzeiten optimal einsetzen.

Tipps zur Essensplanung: So läuft die Vorbereitung richtig rund

Wichtig ist, dass du für das Vorkochen einen für dich passenden Rhythmus und eine Struktur findest. Wir können dir nur die verschiedenen Möglichkeiten und deren Vor- und Nachteile aufzeigen. Welche Variante für dich infrage kommt, hängt nicht zuletzt von deinem Tagesrhythmus und individuellen Vorlieben ab. In der Regel lassen sich zwei verschiedene Typen an Vorkochern unterscheiden. Die einen bereiten immer nur für einen oder zwei Tage Mahlzeiten zu und überlegen anschließend neu inklusive des notwendigen Einkaufs. Die andere Sorte Mensch plant grundsätzlich für eine ganze Woche und bereitet die Mahlzeiten ebenfalls entsprechend umfassend vor. Betrachten wir beide Varianten mit Vor- und Nachteilen einmal genauer.

Alle ein bis zwei Tage vorbereiten

Der Vorteil dieser Variante ist vor allem der geringere logistische Aufwand. Du musst keine allzu langen Einkaufslisten erstellen, kannst dich recht kurzfristig für Gerichte entscheiden und verbringst nicht allzu viel Zeit mit der Vorbereitung in der Küche. Zudem kannst du deine Zutaten sehr frisch einkaufen und deine Mahlzeiten müssen nicht allzu lange aufbewahrt werden, ehe du sie verzehrst.

Nachteilig an diesem System ist vor allem, dass du nur an einigen Tagen etwas Zeit sparst, dafür aber an anderen Tagen nach der Arbeit noch einkaufen und deine Mahlzeiten vorbereiten musst. Es ist nur allzu verlockend, in diesen Situationen doch zum Hörer zu greifen und den Lieferdienst anzurufen, anstatt deinen Plan durchzuziehen. Zudem gibt es immer wieder Arbeitstage, nach denen man weder Lust noch Kraft hat, Mahlzeiten für die nächsten Tage zuzubereiten.

Planen für die Woche

Die Menschen, die für die ganze Woche vorkochen, bevorzugen in der Regel den Sonntag als Vorbereitungstag. Dann werden alle Gerichte für die nächste Woche vorgekocht. Der Einkauf wird meist am Samstag erledigt. Der Vorteil hierbei ist vor allem die echte Zeitersparnis während der Woche. Für jeden Wochentag steht eine Mahlzeit bereit und du kannst nach oder bei der Arbeit fertige Mahlzeiten genießen. Zudem hast du sonntags ausreichend Zeit zum Kochen und kannst deine Mahlzeiten in aller Ruhe vorbereiten.

Doch auch hier gibt es Nachteile. Zum einen erfordert diese Form der Zubereitung einen deutlich höheren Aufwand in Sachen Planung und Logistik. Du musst dir im Vorfeld überlegen, welche Gerichte du während der ganzen Woche essen möchtest, und musst einen entsprechend langen Einkaufszettel am Samstag abarbeiten. Zudem ist es durchaus anstrengend und zeitintensiv, am Sonntag alle Gerichte fertigzustellen, zu portionieren und zu verpacken.

Wie du siehst, bieten beide Varianten Vor- und auch Nachteile. Grundsätzlich ist die zweite Variante verbreiteter und beliebter. Wenn du dich erst einmal an die Vorbereitung und das Vorkochen gewöhnt hast, gehen dir viele Arbeiten in der Küche, aber auch die Planung der Mahlzeiten viel schneller von der Hand. Dann kostet dich die Vorbereitung auch nicht mehr den größten Teil des Sonntags, sondern du erledigst viele Arbeiten nebenher und bist angenehm strukturiert. Je mehr Erfahrung du mit der Vorbereitung von Mahlzeiten hast, umso eher wirst du wahrscheinlich zur zweiten Variante tendieren.

Tipps zum perfekten Zeitmanagement beim Vorkochen

Bevor du mit dem Vorkochen beginnen kannst, solltest du überlegen, was du vorbereiten möchtest, und alle benötigten Zutaten dafür besorgen. Je nachdem, welcher Typ du bist, suchst du dir einen oder mehrere fixe Tage aus, um das Vorkochen regelmäßig durchzuführen. Plane für die Zubereitung deiner Mahlzeiten genügend Zeit ein.

Am Tag des Geschehens legst du dir zunächst alle benötigten Lebensmittel übersichtlich in der Küche zurecht. Am besten erledigst du das Abwiegen und eventuelle Waschen und Schneiden gleich, sodass du beim Kochen alle Zutaten in der richtigen Menge und vorbereitet parat hast. Richte auch unbedingt alle Behälter für das Verstauen vor dem Zubereiten her, indem du sie sterilisierst und abtropfen lässt. Denn die heißen Gerichte sollten sofort abgefüllt und verschlossen werden, damit sie möglichst lange halten. Suche alle Töpfe, Pfannen und eventuell benötigten Geräte heraus, damit du beim Kochen keine Zeit verlierst.

Falls du kalte Gerichte vorbereiten möchtest, kannst du diese zubereiten, während andere kochen. So nutzt du die Zeit optimal. Studiere auch unbedingt die Rezepte gründlich und kürze Kochschritte ab, indem du beispielsweise Gemüse oder Fleisch gleich für mehrere Gerichte in einem Vorgang zubereitest. Wenn du dich gut vorbereitet an die Arbeit machst, geht das Vorkochen besonders schnell.

Tipps für schnelle Snacks

Nicht immer ist es möglich, für jede Zeit des Tages eine passende Mahlzeit vorzubereiten. In der Regel begnügen sich die meisten Vorkocher damit, eine Hauptmahlzeit und eventuell etwas für die Vormittagspause zuzubereiten. Doch was ist, wenn der kleine Hunger kommt? Hier sind Snacks wichtig, die den Hunger schnell bekämpfen, ohne den Körper mit einem Überangebot an Kohlenhydraten zu fluten. Zudem sollten die Snacks nach Möglichkeit gut zu lagern und zu transportieren sein und dich somit problemlos zur Arbeit oder auch zum Sport begleiten können. Wir unterscheiden hierbei zwischen Snacks ohne Vorbereitungszeit und solchen mit ein wenig Vorbereitung. So kannst du auf jede Situation optimal reagieren.

Snacks ohne Vorbereitungszeit

Manchmal muss es einfach schnell gehen und dennoch sollte ein Snack gesund und lecker sein. Trockenobst und Nüsse sind gute Begleiter und bieten nicht nur Abwechslung beim Snacken, sondern auch vielfältige Geschmacksvarianten und vor allem eine gute Sättigung.

Nüsse überzeugen vor allem durch die vielen gesunden Fettsäuren. Du solltest es zwar

Nüsse sind ein guter Snack, wenn der kleine Hunger kommt.

mit den Nüssen aufgrund ihres Kaloriengehalts nicht übertreiben, doch sie machen satt, befriedigen die Lust nach etwas zu kauen und sind dabei auch noch lecker. Durch eine Mischung verschiedener Nusssorten kannst du schnell und einfach deinen Snackhunger stillen, ohne dabei ein Übermaß an Kohlenhydraten zu dir zu nehmen. Versuche nach Möglichkeit, Nüsse zu wählen, die nicht bereits industriell vorgesalzen sind. Diese sind nicht nur weniger gesund, sondern häufig auch deutlich fetthaltiger als naturbelassene Nüsse. Zudem lassen sich Nüsse sehr gut lagern, sodass du im Büro immer eine Tüte als Vorrat haben kannst, damit der Hunger auch in kritischen Momenten keine Chance hat.

Eine zweite und ebenso schnelle Lösung ist Trockenobst. Auch hier gibt es eine große Auswahl unterschiedlicher Obstsorten, welche sich sehr gut als Snack verwenden lassen. Wichtig ist allerdings, dass du es beim Snacken nicht übertreibst. Zum einen ist Trockenobst sehr süß und durchaus kohlenhydratlastig, auf der anderen Seite kann es bei übermäßigem Konsum oft zu Verstopfung führen.

Tipp: Kombiniere gegen den ersten Heißhunger am besten Trockenobst mit einer Handvoll Nüssen oder Samen.

Snacks mit wenig Vorbereitungszeit

Snacks können natürlich auch vorbereitet werden. Ob dies nun als echte Mahlzeitenvorbereitung im Sinne des Vorkochens zählt, da scheiden sich die Geister. Grundsätzlich ist die Arbeitszeit bei einem guten Snack angenehm kurz, sodass du mit wenig Aufwand für einige Stunden Sättigung erreichen kannst. Eine sehr gute, einfache und vor allem schnelle Lösung ist die Kombination von Gemüse mit Kräuterquark. Die Vorbereitungszeit beschränkt sich auf das Schneiden und Einpacken der verschiedenen Gemüsesorten. Ob Paprika, Gurke, Möhre oder Kohlrabi, erlaubt ist, was dir schmeckt und gerade Saison hat. Wenn du das Gemüse in den Kräuterquark

Gemüsesticks mit Kräuterquark – perfekt für zwischendurch

dippst, wird der Snack nicht nur deutlich leckerer und abwechslungsreicher, sondern auch sättigender. So kannst du mit wenig Aufwand den kleinen Hunger bekämpfen, ohne auf Kohlenhydrate oder künstlichen Zucker zurückgreifen zu müssen.

Selbstverständlich gibt es noch viele weitere kleine Snacks, die du schnell und einfach vorbereiten und anschließend mitnehmen kannst. Du kannst beispielsweise für eine Woche Eier vorkochen und jeden Tag ein hart gekochtes Ei mitnehmen. Mit ein wenig Salz ein hervorragender und gut sättigender Snack für zwischendurch. Wenn du das Ei pur nicht magst, kannst du es mit einem selbst gemachten Dip kombinieren. Schmeckt lecker, ist schnell gemacht und vor allem arm an Kohlenhydraten.

Eine dritte und ebenfalls gern genutzte Snackvariante ist Salat. Du kannst dir einen bunten Salat zusammenstellen und diesen in Einmachgläsern im Kühlschrank aufbewahren. Wenn du die schweren Zutaten nach unten packst, den grünen Salat nach oben und kein Dressing zugibst, hält sich Salat in den fest verschlossenen Gläsern im Kühlschrank bis zu fünf Tage frisch. Du musst dann vor dem Verzehr nur noch etwas Dressing über den Salat geben und schon kannst du einen schnellen und vor allem gesunden Snack genießen.

Allgemeine Tipps zur Vorbereitung

Wenn du verschiedene Mahlzeiten vorbereiten und dabei auch das Low-Carb-Prinzip nicht außer Acht lassen möchtest, solltest du dir vor allem über die Zutaten Gedanken machen. Denn oftmals sind in unseren Gehirnen bestimmte Kombinationen an Lebensmitteln abgespeichert, welche sich nicht mit dem Konzept Low-Carb vertragen. Zwar solltest du nicht vollständig auf Kohlenhydrate verzichten, doch beim Vorkochen bieten sich so viele unterschiedliche Alternativen, dass du durchaus flexibel agieren kannst. Wir stellen dir einfach ein paar typische Lebensmittel vor und zeigen, wie einfach du diese bei der Mahlzeitenvorbereitung durch Low-Carb-Alternativen ersetzen kannst.

Pasta

Pasta ist lecker und schmackhaft. Doch leider hat Pasta nicht nur enorm viele Kohlenhydrate, sondern lässt sich auch nur bedingt gut vorbereiten und über einen längeren Zeitraum gekocht lagern. Dabei gibt es eine gute und vor allem einfache Al-

Mit dem Spiralschneider kannst du Nudeln aus Zucchini herstellen.

ternative. Gemüse lautet das Zauberwort. Klingt zunächst einmal komisch, funktioniert aber hervorragend. Denn Gemüse wie beispielsweise Zucchini oder auch Karotten lässt sich ausgezeichnet als Ersatz für Teigwaren nutzen. Mit einem speziellen Spiralschneider oder auch mit dem Sparschäler kannst du Gemüse in dünne Streifen schneiden und dann fünf Minuten in kochendem Wasser ziehen lassen. Mit der passenden Sauce werden die Gemüsenudeln dich nicht nur begeistern, sondern auch langfristig sättigen. Da auch fertig gekochte Low-Carb-Pasta im Kühlschrank schnell matschig wird, solltest du entsprechende Gerichte am besten nicht zu lange aufbewahren und bald nach der Zubereitung verzehren. Oder du lagerst die vorbereiteten Gemüsenudeln roh und kochst sie erst bei Bedarf.

Die Kartoffel: beliebt und begehrt

Kartoffeln stehen in unseren Gegenden in vielerlei Spielarten auf allen Speisekarten. Kein Wunder, dass es viele Gerichte gibt, die man sich ohne Kartoffeln als Beilage erst einmal nur schwer vorstellen kann. Doch Kartoffeln passen nicht sonderlich gut zum Low-Carb-Ansatz und sind daher oft nicht erlaubt. 100 Gramm Kartoffeln enthalten nämlich bereits 14 Gramm Kohlenhydrate. Deshalb solltest du sie sparsam und eher selten verarbeiten. Bei Low-Carb High-Quality dürfen Kartoffeln allerdings eingeschränkt verwendet werden.

Blumenkohl kann hier eine gute und interessante Alternative darstellen. Verwende bei der Mahlzeitenvorbereitung statt Kartoffelpüree einfach einmal Blumenkohl. Dieser lässt sich ebenfalls hervorragend pürieren, schmeckt ähnlich intensiv und stellt bei gerade einmal 2,5 Gramm Kohlenhydraten auf 100 Gramm die deutlich bessere Wahl dar. Auch Puffer aus Blumenkohl stehen denen aus Kartoffeln geschmacklich in nichts nach.

Reis

Auch Reis ist eine sehr beliebte Beilage und kann viele Gerichte hervorragend harmonisch begleiten. Leider ist Reis bei der Low-Carb-Ernährung aber ebenfalls eher zu meiden. Eine gute Alternative ist da Quinoa. Dieses beliebte Superfood ist aufgrund seiner großen Menge an Eiweiß und Ballaststoffen besonders gut für deine Ernährung geeignet. Ähnlich wie Reis sättigt Quinoa hervorragend und langfristig. Wenn du dich an Quinoa als Alternative zu Reis gewöhnt hast, wirst du das Pseudegetreide nicht mehr missen wollen.

Cerealien und Co.

Nicht nur Hauptmahlzeiten lassen sich hervorragend vorbereiten, sondern auch das Frühstück für die Arbeit ist schnell und einfach fertig. Doch gerade beim Frühstück fällt es vielen Menschen schwer, auf Low-Carb zu setzen. Wer sich an Haferflocken oder die verschiedenen Frühstückscerealien gewöhnt hat, möchte darauf häufig nicht mehr verzichten. Gesund und kohlenhydratarm sind allerdings die wenigsten davon. Eine gute und gesunde Alternative sind Chiasamen. Diese vergrößern in Wasser oder Milch ihr Volumen und machen somit besonders lange satt. Und das, ohne deinen Körper mit wenig hilfreichen Kohlenhydraten zu fluten und somit den Insulinspiegel unnötig in die Höhe zu treiben. Bereite einfach am Abend dein Frühstück mit Chiasamen vor und genieße es, gesund und dennoch satt in den Tag zu starten. Wichtig ist, dass du den Samen ausreichend Zeit zum Aufquellen gibst. Aus diesem Grund solltest du dein Frühstück am besten bereits am Abend vorbereiten oder es zumindest in der Früh gleich als Erstes anrühren. So erhältst du eine leckere und vollwertige Mahlzeit, die dich lange satt macht und die du zudem abwechslungsreich gestalten kannst.

Fleisch vorbereiten: die Marinade als Grundlage des Erfolgs

Ein wichtiger und hilfreicher Punkt bei der Mahlzeitenvorbereitung ist das Marinieren von Fleisch. Vor allem bei Geflügel lässt sich durch das Marinieren enorm viel Geschmack in das Fleisch bringen. Du

Gefrierbeutel - der Geheimtipp zum Marinieren

kannst dabei verschiedene Methoden anwenden. Besonders elegant und effektiv ist der Einsatz eines Vakuumiergeräts. Werden Marinade und Fleisch in einer Tüte vakuumiert, kann die Marinade sehr gut ins Fleisch einziehen. Das spart Zeit und bringt einen großartigen Geschmack. Doch es geht auch einfacher. Wenn du Fleisch und Marinade in eine Gefriertüte füllst und diese fest verschließt, kannst du das Fleisch in der Türe gründlich massieren. Jede Minute der Massage erspart ungefähr eine Stunde Marinierzeit. Nach zehn Minuten Behandlung schmeckt dein Fleisch intensiv nach den gewählten Gewürzen und überzeugt auch Feinschmecker auf ganzer Linie. Nutze am besten eine Marinade auf der Basis von Öl, da diese besonders effektiv ins Fleisch einzieht. Zudem sparst du dir beim Anbraten oder auch beim Backen des Fleisches die Zugabe weiteren Öls und kannst direkt vom intensiven Geschmack der Marinade und des Öls profitieren.

Gemüse marinieren

Doch nicht nur Fleisch lässt sich mit einer Marinade hervorragend vorbereiten und optimieren. Auch bei Gemüse kannst du erstaunliche Ergebnisse erzielen, wenn du es in eine Marinade einlegst. Ein Vakuumiergerät kann hierbei gute Dienste leisten und viel Zeit ersparen. Ohne Vakuumierer lässt sich das Gemüse genauso gut marinieren, du musst nur mehr Zeit einrechnen. Setze vor allem auf Gemüse mit einem hohen Wasseranteil und bereite eine recht salzige Marinade zu. Diese zieht hervorragend in das Gemüse ein und verleiht ihm einen wunderbaren Geschmack.

Fisch

Eine grundsätzliche Sache noch zum Thema Fisch: Frischer Fisch eignet sich weniger gut für das Vorbereiten, da er bei der Lagerung schnell an Geschmack verliert und sich nur schlecht aufwärmen lässt. Verarbeite Fisch deshalb am besten direkt nach dem Kauf oder verwende TK-Ware. In diesem Buch gibt es einige Rezepte mit Meeresfrüchten, die dann vorzugsweise in Suppen oder in Aufläufen zum Einsatz kommen.

Fehler beim Vorkochen vermeiden

Gerade am Anfang können sich bei der Vorbereitung von Mahlzeiten diverse Fehler einschleichen. Diese sind zwar weder schwerwiegend noch gefährlich, können die Lust und die Freude am Vorkochen allerdings nachhaltig trüben. Aus diesem Grund solltest du einige hilfreiche Tipps und Ratschläge beachten.

1. Fehler: zu früh einkaufen

Wenn du dir Gedanken über die möglichen Essensvariationen machst und eventuell auf dem Weg nach Hause bereits die passenden Zutaten siehst, ist die Versuchung groß, sofort zuzugreifen. Doch sofern du die Lebensmittel nicht sofort zubereiten kannst, ist dies schon einmal der erste Fehler. Denn besser wird dein Essen dadurch nicht. Nur wenn es sich um langfristig lagerbare Zutaten handelt, ist dieses Vorgehen in Ordnung. Frische Zutaten wie Gemüse, Fleisch oder Fisch sind da deutlich problematischer. Kaufst du diese Zutaten beispielsweise am Donnerstag ein, kannst sie aber erst am Samstag oder am Sonntag zubereiten, verliert Gemüse bereits an Frische und auch an Vitaminen. Ein Problem, gerade auch, weil dein Essen ja noch am Freitag der nächsten Woche lecker schmecken und dich mit den gewünschten Vitaminen und Nährstoffen versorgen soll. Dementsprechend sollten die Lager- und Standzeiten der Zutaten und Mahlzeiten immer so kurz wie nur möglich kalkuliert werden. Hast du beispielsweise den Sonntag zur Mahlzeitenvorbereitung gewählt, solltest du nach Möglichkeit die frischen Zutaten erst am Samstag einkaufen. So ist alles möglichst frisch und lecker.

Tipp: Tiefkühlware von guter Qualität besitzt durch den schnellen Tiefkühlprozess einen hohen Anteil an Vitaminen und Nährstoffen und erleichtert die Vorratshaltung ungemein. Tiefgekühltes Gemüse wird beispielsweise oft schon geschnitten angeboten und lässt sich dadurch leicht portionieren.

2. Fehler: zu komplizierte Rezepte

Wenn du dich entschieden hast, durch Vorkochen und Low-Carb deine Ernährung neu und besser zu strukturieren und deine Gesundheit zu verbessern, wirst du wahrscheinlich zunächst einmal neue und unbekannte Rezepte suchen und ausprobieren. Dabei besteht die Gefahr, dass man sich mit lecker klingenden, aber komplizierten Rezepten überfordert. Der Einkauf und auch die Vorbereitung nehmen dann viel mehr Zeit in Anspruch als gedacht und natürlich gelingt auch nicht jedes Rezept auf Anhieb. Viel zu schnell sinken dann Motivation und Lust und das Konzept »Mahlzeitenvorbereitung« wird als nicht machbar wieder eingestellt. Dabei ist das Ganze so einfach, wenn du gerade am Anfang eher einfache und unkomplizierte Rezepte wählst. Wenige, aber gute Zutaten machen ein Gericht schmackhaft und bringen dennoch ausreichend Abwechslung auf den Speiseplan. Wenn dir das Vorbereiten der Mahlzeiten erst einmal in Fleisch und Blut übergegangen ist, kannst du immer noch neue und auch ausgefallene Rezepte ausprobieren. Für den Anfang gilt auf jeden Fall: Weniger ist oft mehr. Deshalb findest du in diesem Buch vor allem unkomplizierte und schnelle Rezepte. Bis auf wenige Ausnahmen, wie zum Beispiel Mandelmehl oder Xylit, kannst du den Großteil der Zutaten in jedem Supermarkt bekommen. Wobei die Low-Carb-Ernährung sich wachsender Beliebtheit erfreut und mittlerweile gut sortiertere Einzelhändler oder auch Drogeriemärkte sogar speziellere Low-Carb-Zutaten anbieten.

3. Fehler: nicht ausreichende Planung

Vielleicht möchtest du dich jetzt am liebsten sofort in die Arbeit stürzen und damit beginnen, deine Mahlzeiten für die nächste Woche oder die nächsten Tage vorzubereiten. Doch eine schlechte oder fehlende Planung kann nicht nur die Arbeit deutlich erschweren, sondern auch das Ergebnis gefährden und damit die Freude am Vorkochen schmälern. Nimm dir deshalb ausreichend Zeit, um deine Mahlzeiten zunächst einmal zu planen und eine entsprechende Einkaufsliste anzulegen. Nichts ist ärgerlicher, als beim Vorbereiten festzustellen, dass eine wichtige Zutat fehlt.

Ein weiteres und sehr weitverbreitetes Problem in vielen Küchen: Chaos und Unordnung. Es ist nicht leicht, viele Gerichte für mehrere Tage gleichzeitig oder nacheinander zuzubereiten. Stell dir deine Küche wie die Profiküche in einem Restaurant vor. Auch dort möchtest du keine Zutatenreste einer Mahlzeit in deinem Essen finden, die jemand vor dir bestellt hat. Arbeite daher immer sauber und ordentlich, wische Bretter ab und spüle das Messer nach jedem Gebrauch. Das klingt aufwendig, doch mit der Zeit wird es dir in Fleisch und Blut übergehen. Ein strukturierter, ordentlicher Arbeitsplatz macht nicht nur deine Gerichte leckerer, sondern erleichtert dir auf Dauer auch das Vorbereiten. Stehen vor der Arbeit alle Zutaten, Töpfe, Bretter, Messer und Pfannen parat, kannst du viel schneller deine Wunschgerichte zaubern.

4. Fehler: keine Zeit für die Vorbereitung

Mahlzeitenvorbereitung ist kein Zeitwunder. Du sparst dir zwar unter der Woche viel Zeit und kannst immer auf eine ausgewogene und leckere Mahlzeit zurückgreifen, doch die insgesamte Kochzeit verringert sich nur geringfügig. Ein gängiger Fehler gerade am Anfang ist eine zu knappe Kalkulation der aufzuwendenden Zeit. Selbst einfache Gerichte benötigen ein gewisses Maß an Vorbereitung und Zeit für die Zubereitung. Plane also gerade für den Anfang ausreichend Zeit ein. Wenn du später mehr Erfahrung hast, weißt du in der Regel genau, wie lange du zum Kochen wirklich brauchst. Auf jeden Fall ist eine Essensvorbereitung zwischen Tür und Angel zum Scheitern verurteilt und raubt dir über kurz oder lang die Freude am Vorkochen.

5. Fehler: die Zutaten falsch lagern

Damit ist nicht die grundsätzliche Lagerung der Zutaten gemeint. Doch auch wenn du beim Vorbereiten bist, solltest du auf die richtige Lagerung achten. Denn das Vorkochen kann durchaus ein wenig Zeit in Anspruch nehmen, gerade wenn du Essen für eine ganze Woche planst. Stellst du dann gleich zu Beginn alle Zutaten bereit, kann das problematisch werden. Wenn du also am Anfang vor allem Gemüse schneidest und zubereitest, dann sollten die anderen Zutaten wie Fleisch, Fisch oder Käse weiterhin im Kühlschrank auf dich warten. Lass deine Zutaten grundsätzlich nicht zu warm werden, sondern lagere sie so lange kühl, bis du sie beim Kochen auch brauchst. Denn eine zu lange in der warmen Küche lagernde Hähnchenbrust kann unangenehme Folgen für dich haben.

Tipp: Stelle deine Zutaten nach Arbeitsschritten bereit. Suche beispielsweise alles Gemüse zusammen, das du für die Rezepte brauchst, die du an diesem Tag zubereiten willst. Du wirst beispielsweise Zwiebeln in mehr als einem Rezept verwenden. Schäle und schneide alle Zwiebeln für die Rezepte zurecht und teile die Zwiebelwürfel, Zwiebelspalten oder Zwiebelringe entsprechend auf. Lagere die geschnittenen Zwiebeln nun gut verschlossen und kühl in Behältern, bis die einzelnen Zwiebelportionen in den Rezepten verarbeitet werden. Bereite so auch nacheinander andere Zutaten vor, sodass du sie bis zur Verwendung frisch lagern und dann beim Kochen einfach darauf zugreifen kannst.

6. Fehler: Zutaten nicht ausreichend durchgaren

Ein noch zartrosafarbenes Schweinefilet oder ein medium-rare gebratenes Steak sind wirklich lecker. Doch bei der Mahlzeitenvorbereitung sind diese Varianten leider nicht gefragt. Wenn du Lebensmittel nicht vollständig durchgarst und diese anschließend für mehrere Tage aufbewahrst, bietest du Bakterien ein angenehmes Nest. Selbst unter optimalen Lagerbedingungen können sich in diesen Fällen ungesunde und nicht sonderlich angenehme Bakterien verbreiten, die den Geschmack deiner Speisen ruinieren und dazu führen, dass sie nicht mehr bekömmlich sind. Aus diesem Grund solltest du bei der Vorbereitung von Mahlzeiten in jedem Fall darauf achten, dass alle Zutaten ausreichend gegart werden.

Vorkochen gehört zum Low-Carb-Ernährungsstil

Zusammengefasst sei hier noch einmal betont, dass die Mahlzeitenvorbereitung eine ideale Methode ist, um einen Low-Carb-Ernährungsstil umzusetzen. Wer sein Essen vorbereitet und zur Arbeit mitnimmt, spart nicht nur Zeit und Geld, sondern ernährt sich auch viel gesünder, als wenn er auf Kantine oder Imbiss angewiesen ist.

Auch wenn das Vorkochen für eine ganze Woche am Anfang durchaus eine Herausforderung darstellt, wird es mit wachsender Routine immer leichter. Dann musst du nur mehr wenige Stunden dafür aufwenden und sparst im Vergleich zum täglichen Kochen auch Zeit. So bleibt dir im Alltag mehr Zeit für Freunde, Familie und Hobbys und im Büro mehr Zeit zum Genießen.

Beim Einkaufen musst du zwar einen großen Berg Lebensmittel mit nach Hause schleppen, dafür kaufst du nur das, was du wirklich benötigst. Du sparst dadurch insgesamt auch beim Einkauf Zeit und Geld und weißt zudem genau, was du deinem Körper zuführst. Außerdem wirfst du kaum Lebensmittel weg.

Die Vorbereitung deiner Mahlzeiten ist also eine praktische, ressourcenschonende und gesunde Methode, um dich im Beruf und Alltag optimal zu ernähren.

Hinweise zu den Rezepten und den Portionsgrößen

Für eine erste Orientierung haben wir in den Rezepten jeweils die Anzahl an Portionen vorgeschlagen. Dieser Wert ist als eine grobe Richtlinie zu verstehen, denn die Portionsgröße sollte für jeden Menschen individuell betrachtet werden.

Der Kalorienbedarf kann sehr unterschiedlich sein. Ein deutliches Beispiel wäre der Kalorienbedarf eines schwer arbeitenden Bauarbeiters von 1,90 Meter Größe mit einem Gewicht von 90 Kilogramm gegenüber einer zierlichen Frau von 1,55 Meter und 50 Kilogramm.

Als Richtlinie haben wir den Bedarf eines durchschnittlichen gesunden Erwachsenen herangezogen. Dieser durchschnittliche Erwachsene braucht bei leichter körperlicher Tätigkeit im Mittel täglich ca. 2000 Kcal.

Diese 2000 Kcal gilt es nun auf Mahlzeiten aufzuteilen. Nun gibt es hierbei aber viel Individualität bei der Anzahl der täglichen Mahlzeiten, die sich in einem Kochbuch nicht vollständig berücksichtigen lässt. Manche Menschen bevorzugen 5 Mahlzeiten am Tag, andere sind mit 3 oder 4 Mahlzeiten zufrieden und einige fangen erst spät am Tage mit dem Essen an und möchten oft nicht mehr als 2 Mahlzeiten zu sich nehmen.

Je nach der gewünschten Anzahl der Mahlzeiten schwankt deren Größe mitunter sehr stark. Das macht wiederum eine allgemeine Bestimmung der Portionsgröße doppelt schwierig.

Wir haben die Hauptmahlzeiten zum Großteil zwischen 600 und 700 Kcal gehalten. Das entspricht 30–35 Prozent des Tagesbedarfes für eine Hauptmahlzeit. Wenige Rezepte, wie beispielsweise Suppen oder Eintöpfe können etwas darunter liegen – so ist beispielsweise mehr Platz für einen leckeren Nachtisch.

Der Rest der Kalorien könnte wie folgt aufgeteilt werden: Weitere 30–35 Prozent des Tagesbedarfes für das Abendessen und die übrigen 30–40 Prozent für Frühstück und Zwischenmahlzeiten.

Wenn du beim Vorbereiten deiner Mahlzeiten auch das Abendessen mit einbeziehen möchtest, kannst du dafür beispielsweise ein Rezept im Kalorienbereich zwischen 600–700 Kcal wählen.

Stelle deine Auswahl an Rezepten zur Vorbereitung ganz nach deinem Geschmack und deinem individuellen Bedarf zusammen.

Tipp: Deinen Kalorienbedarf kannst du mit dem Rechner auf www.lowcarbtoolbox.com ganz einfach errechnen.

Noch ein Tipp zum Frühstück

Die Frühstücksgewohnheiten können bei Berufstätigen recht unterschiedlich sein. Viele frühstücken vor der Arbeit zu Hause. Belegtes Low-Carb-Brot oder Quark mit Früchten bedürfen in dem Falle keiner langen Vorbereitung. Manche essen das erste Mal recht spät und andere lassen das Frühstück eher ganz ausfallen und sind mit einer großen Tasse Kaffee zufrieden.

Wie auch immer deine Frühstücksgewohnheiten aussehen, viele der folgenden Rezepte passen nicht nur wunderbar als Zwischenmahlzeit oder Dessert, sondern schmecken auch als Frühstück. Beispielsweise ist ein süßer oder herzhafter Muffin ideal zum Frühstück, einfach zu portionieren und praktisch. Und viele der Rezepte in der Kategorie Desserts schmecken auch als erste Mahlzeit des Tages.

Grundrezept Gemüsebrühe

Eine leckere Gemüsebrühe, die du einfach so genießen oder in anderen Rezepten verwenden kannst, lässt sich mit folgendem Rezept, das kaum Zutaten benötigt, wunderbar einfach zubereiten. Dabei verzichtest du auf Geschmacksverstärker und Brühwürfel und setzt ausschließlich auf natürliche Zutaten. Wähle hierfür am besten biologisch angebautes Gemüse. Du benötigst 4 große Karotten, 1 gelbe Möhre, Sellerie, Petersilienwurzel und Lauch. Diese Zutaten bekommst du oft gesammelt als Suppen-

Im Einmachglas kannst du die Gemüsebrühe gut aufbewahren.

grün im Supermarkt. Zusätzlich brauchst du 1 große Zwiebel, 1 Tomate und 1 Bund Petersilie. Dazu noch 1 Teelöffel schwarze Pfefferkörner, 1 Lorbeerblatt, Salz und 1 Schuss Olivenöl.

Die halbierte Zwiebel in einem großen Topf auf der Schnittfläche kurz anbraten. Karotten und Möhre schälen, das restliche Gemüse putzen und waschen. Einen Suppentopf mit kaltem Wasser füllen. Nun alle Zutaten ungeschnitten hinzugeben. Die Tomate nur leicht einritzen. Das Wasser muss gut gesalzen sein. Danach Suppe etwa 40 Minuten lang kochen, bis die Karotten weich sind. Im Anschluss Suppe zugedeckt etwa 24 Stunden lang ruhen lassen. So bekommt die Brühe alle Geschmacksstoffe aus dem Gemüse. Dadurch brauchst du keinen Brühwürfel oder unnötige Geschmacksverstärker.

Am nächsten Tag Suppe durch ein Sieb abgießen. Die Brühe in einem Topf auffangen und nochmals aufkochen. Die Karotten in feine Stücke schneiden und zur Brühe geben. Suppe nach dem Aufkochen in luftdicht verschließbare Einmachgläser füllen und verschließen. Durch das Aufkochen werden Bakterien abgetötet. Der gut sitzende Behälterdeckel sorgt dafür, dass keine neuen

Bakterien in die Suppe gelangen. Wichtig ist dabei jedoch, dass die Einmachgläser vorher sterilisiert wurden. Dazu am besten die Gläser und Deckel mit aufgekochtem Wasser übergießen und kurz auf sauberem Küchenpapier abtropfen lassen. Dann sind keine unerwünschten Keime mehr im Behälter.

Die so zubereitete Suppe bietet dir ein absolut natürliches Geschmackserlebnis. Damit hast du eine gute Grundlage für weitere Rezepte, in denen Gemüsebrühe gebraucht wird. Die Suppe ist Low-Carb und hält im Kühlschrank etwa drei Tage lang. Wenn du die Suppe einfrieren möchtest, dann verwende am besten Gefrierbeutel oder zum Einfrieren geeignete Behälter. Bei minus 18 °C halten sich Suppen und Eintöpfe etwa drei Monate lang.

Tipp: Friere mehrere kleine Portionen ein, um für deine Rezepte immer selbst gemachte Gemüsebrühe griffbereit zu haben.

Aufläufe

Bologonese-Süßkartoffel-Auflauf

Zubereitung: 40 Minuten
Für 2 Portionen

Zutaten:
1 Zwiebel
Butterschmalz zum Braten
1 Möhre
400 g Rinderhackfleisch
1 EL Tomatenmark
100 ml Rinderbrühe
200 g passierte Tomaten
1 TL getrockneter Majoran
1 TL getrockneter Oregano
Salz und Pfeffer nach Belieben
5 Scheiben Bacon
250 g Süßkartoffel
2 EL Parmesan
Optional frische Basilikumblätter zum Bestreuen

	100 g	Portion
KH	6,6	38,8
Fett	6	35,1
EW	7,3	42,7
Kcal	110	641
KJ	459	2684

So wird's gemacht:

Die Zwiebel abziehen, würfeln und in einer Pfanne mit dem Butterschmalz glasig dünsten. Die Möhre putzen, waschen, in Scheiben schneiden, zu der Zwiebel geben und mit anbraten. Das Rinderhackfleisch hinzugeben und krümelig braten. Das Tomatenmark zufügen und kurz anschwitzen.
Alles mit der Rinderbrühe ablöschen. Die passierten Tomaten, den Majoran und den Oregano hinzugeben. Mit Salz und Pfeffer würzen. Die Bolognese 10 Minuten köcheln lassen.
Den Backofen auf 180 °C Umluft oder 200 °C Ober-/Unterhitze vorheizen.
Den Bacon in einer Pfanne ohne Öl knusprig braten, auf Küchenpapier abtropfen lassen und zur Seite stellen.
Die Süßkartoffel schälen und in dünne Scheiben schneiden.
Die Bolognese in eine Auflaufform füllen und die Süßkartoffelscheiben in die Bolognese schieben. Den Auflauf 25 Minuten im Ofen backen, bis die Süßkartoffelscheiben weich sind.
Den Bacon auf dem Auflauf verteilen. Den Parmesan und die Basilikumblätter direkt vor dem Verzehr auf den Auflauf streuen.

(Foto: siehe Seite 40/41)

Tipp: **Wenn du ofenfeste verschließbare Glasbehälter hast, kannst du den Auflauf auch direkt in den Behältern backen, in denen du ihn später mitnimmst. So sparst du dir das Umfüllen.**

Lachs-Apfel-Auflauf

Zubereitung: 45 Minuten
Für 2 Portionen

Zutaten
250 g Lachsfilet
½ Apfel
100 g Kirschtomaten
50 g Sahne
3 Eier (M)
½ TL Senf, mittelscharf
Pfeffer
80 g geriebener Gouda

	100 g	Portion
KH	2,4	9,2
Fett	11,6	44,1
EW	12,9	48,9
Kcal	166	630
KJ	696	2639

So wird's gemacht:

Den Backofen auf 180 °C Umluft oder 200 °C Ober-/Unterhitze vorheizen.

Das Lachsfilet in Stücke schneiden. Den Apfel heiß abwaschen, trocken reiben, entkernen und in kleine Stücke schneiden. Die Tomaten waschen und halbieren. Alles in eine Auflaufform geben.

Die Sahne in einer Schüssel mit Eiern, Senf und Pfeffer verquirlen und über den Auflauf gießen. Mit dem Gouda bestreuen und 25 Minuten im Ofen backen.

Mozzarellagratin

Zubereitung: 45 Minuten
Für 2 Portionen

Zutaten
300 g Hähnchenbrust
Butterschmalz zum Braten
1 Zucchini
1 rote Zwiebel
1 EL Tomatenmark
200 ml Gemüsebrühe
1 TL getrockneter Oregano
1 TL getrocknetes Basilikum
1 TL getrocknete Petersilie
200 g Kirschtomaten
2 Kugeln Mozzarella
Optional frische Basilikumblätter zum Garnieren

So wird's gemacht:
Den Backofen auf 160 °C Umluft oder 180 °C Ober-/Unterhitze vorheizen.
Die Hähnchenbrust in Scheiben schneiden, in einer Pfanne mit dem Butterschmalz goldbraun braten und herausnehmen.
Die Zucchini waschen, putzen und in Scheiben schneiden. Die Zwiebel abziehen und würfeln. Beides in dem Butterschmalz andünsten, dann das Tomatenmark hinzugeben und mit der Gemüsebrühe ablöschen. Die Gewürze einrühren und alles mit den Hähnchenbrustscheiben in eine Auflaufform füllen.
Die Tomaten waschen und halbieren. Den Mozzarella abtropfen lassen und in Scheiben schneiden. Beides über dem Auflauf verteilen. Das Gratin 20 Minuten im Ofen überbacken.
Wer möchte, kann den Auflauf vor dem Verzehr mit frischen Basilikumblättern garnieren.

	100 g	Portion
KH	3,6	23,4
Fett	5	32,4
EW	11,7	75
Kcal	107	686
KJ	447	2872

Rucola-Ziegenkäse-Himbeer-Auflauf

Zubereitung: 35 Minuten
Für 1 Portion

Zutaten:
2 Eier (M)
1 EL Crème fraîche (50 g)
1 TL Xylit
Pfeffer
50 g Rucola
80 g Ziegenweichkäse
1 EL Himbeeraufstrich
Frische Himbeeren nach Belieben

	100 g	Portion
KH	3,2	10,9
Fett	12,1	41
EW	8,1	27,4
Kcal	158	537
KJ	663	2248

So wird's gemacht:

Den Backofen auf 180 °C Umluft oder 200 °C Ober-/Unterhitze vorheizen.

Die Eier in einer Schüssel mit der Crème fraîche, dem Xylit und Pfeffer nach Geschmack verrühren.

Den Rucola waschen, abtropfen lassen und grob hacken.

Den Rucola mit der Eimasse vermischen und in eine Auflaufform füllen. Den Ziegenweichkäse in Scheiben schneiden und auf die Rucolamasse legen. Den Auflauf 25 Minuten im Ofen backen.

Den Himbeeraufstrich und die frischen Himbeeren getrennt mitnehmen und vor dem Verzehr über dem Ziegenkäse verteilen.

Sauerkrautauflauf

Zubereitung: 45 Minuten
Für 2 Portionen

Zutaten:
1 kleine rote Paprikaschote
1 Chorizo-Wurst
Butterschmalz zum Braten
250 g Sauerkraut
1 Ei (M)
100 g Crème fraîche
Salz
Pfeffer
40 g Rosinen
50 g geriebener Gouda

So wird's gemacht:

Den Backofen auf 180 °C Umluft oder 200 °C Ober-/Unterhitze vorheizen.

Die Paprikaschote waschen, entkernen und in Würfel schneiden. Die Chorizo-Wurst in Scheiben schneiden. Beides in einer Pfanne mit Butterschmalz anbraten. Das Sauerkraut hinzugeben, kurz mitbraten und anschließend Pfanne vom Herd nehmen.

Das Ei in einer Schüssel mit der Crème fraîche, Salz und Pfeffer verrühren. Die Sauerkrautmischung und die Rosinen unterheben und die Masse in eine Auflaufform füllen.

Auflauf mit dem Gouda bestreuen und 30 Minuten im Ofen backen.

	100 g	Portion
KH	5,8	19,7
Fett	15	51,1
EW	6,9	23,6
Kcal	189	647
KJ	793	2707

Schmorkohl-Paprika-Auflauf

Zubereitung: 45 Minuten
Für 1 Portion

Zutaten:
300 g Wirsing oder Weißkohl
1 kleine Zwiebel
Butterschmalz zum Braten
1 rote Paprikaschote
1 Möhre
1 EL Tomatenmark
1 EL Paprikapulver, edelsüß
200 ml Gemüsebrühe
geriebene Muskatnuss
Kümmel
Salz
Pfeffer
80 g Gouda

	100 g	Portion
KH	6,3	46,2
Fett	5,3	39,1
EW	4,7	34,9
Kcal	90	668
KJ	378	2796

So wird's gemacht:

Den Backofen auf 180 °C Umluft oder 200 °C Ober-/Unterhitze vorheizen.
Den Wirsing putzen, waschen und in Streifen schneiden. In einer Pfanne ohne Öl unter gelegentlichem Rühren kräftig anrösten.
Die Zwiebel abziehen und in Würfel schneiden. Butterschmalz zum Kohl geben, die Zwiebelwürfel hinzufügen und anbraten.
Die Paprikaschote waschen, entkernen und in Würfel schneiden. Die Möhre putzen, waschen und raspeln. Beides in die Pfanne geben und mit anbraten. Das Tomatenmark und das Paprikapulver hinzugeben, kurz mitbraten und anschließend mit der Gemüsebrühe ablöschen.
Die Mischung mit Muskatnuss, Kümmel, Salz und Pfeffer abschmecken und in eine Auflaufform füllen. Mit dem Gouda bestreuen und 30 Minuten im Ofen backen.

Tipp: Der Auflauf schmeckt auch sehr gut mit Hähnchenbrust oder Rinderhackfleisch.

Senfeierauflauf

Zubereitung: 50 Minuten
Für 2 Portionen

Zutaten:
5 Eier (M)
100 g Kohlrabi
200 g Schmand
2 EL Senf, mittelscharf
2 EL Gemüsebrühe
1 EL Kräuter der Provence, TK oder getrocknet oder frisch gehackt
Salz
Pfeffer
50 g geriebener Gouda

So wird's gemacht:

Den Backofen auf 180 °C Umluft oder 200 °C Ober-/Unterhitze vorheizen.

Die Eier in einem Topf mit Wasser hart kochen, mit kaltem Wasser abschrecken, pellen und halbieren. Den Kohlrabi schälen und in Stücke schneiden.

Den Schmand in einer Schüssel mit dem Senf, der Gemüsebrühe, den Kräutern, Salz und Pfeffer verrühren. Die Eierhälften und die Kohlrabistücke in eine Auflaufform geben, mit der Schmandmischung übergießen und mit dem Gouda bestreuen.

Den Auflauf 30 Minuten im Ofen überbacken.

	100 g	Portion
KH	2,5	8,9
Fett	14,9	53,6
EW	9,7	34,8
Kcal	182	654
KJ	761	2739

Süßer Auflauf mit Linsennudeln

Zubereitung: 50 Minuten
Für 2 Portionen

Zutaten:
100 g rote Linsennudeln (gekocht 190 g)
120 g gemischte Beeren (z. B. Erdbeeren, Blaubeeren, Himbeeren)
200 g Sahne
1 Ei (M)
1 EL Xylit
125 g Mozzarella
10 g Pinienkerne

So wird's gemacht:

Den Backofen auf 160 °C Umluft oder 180 °C Ober-/Unterhitze vorheizen.
Die Linsennudeln in einem Topf mit Salzwasser al dente vorkochen und in einem Sieb abtropfen lassen. Die Beeren waschen und abtropfen lassen. Die Nudeln mit den Beeren in eine Auflaufform füllen.
Die Sahne in einer Schüssel mit dem Ei und dem Xylit verrühren und über die Nudeln gießen.
Den Mozzarella abtropfen lassen, klein schneiden und über dem Auflauf verteilen. Den Auflauf 25 Minuten im Ofen backen.
Die Pinienkerne in einer Pfanne ohne Öl leicht anbräunen und vor dem Verzehr über den Auflauf streuen.

	100 g	Portion
KH	11,7	37
Fett	15,2	48,3
EW	12	38
Kcal	241	761
KJ	1007	3188

Thunfischauflauf

Zubereitung: 45 Minuten
Für 2 Portionen

Zutaten:

1 kleine Süßkartoffel (150 g)
200 g Tomaten
1 Dose Thunfisch (130 g Abtropfgewicht)
200 g Crème fraîche
1 TL Kräuter der Provence, TK oder getrocknet oder frisch gehackt
Salz
Pfeffer
50 g geriebener Gouda

So wird's gemacht:

Den Backofen auf 200 °C Umluft oder 220 °C Ober-/Unterhitze vorheizen.
Die Süßkartoffel schälen und in Scheiben schneiden. Die Tomaten waschen, entkernen und in Stücke schneiden.
Den Thunfisch abtropfen lassen, mit der Gabel zerteilen und in einer Schüssel mit der Crème fraîche verrühren.
Die Tomatenstücke, die Kräuter, Salz und Pfeffer unterrühren.
Die Hälfte der Masse in eine Auflaufform füllen. Die Süßkartoffelscheiben darauf verteilen und mit der restlichen Masse bedecken. Den geriebenen Gouda darüberstreuen.
Den Auflauf 25 Minuten im Ofen backen.

	100 g	Portion
KH	5,3	21,5
Fett	11,2	45,8
EW	7,7	31,7
Kcal	153	626
KJ	639	2620

Tomatenauflauf mit Camembert

Zubereitung: 35 Minuten
Für 2 Portionen

Zutaten:
1 Staudensellerie (ca. 50 g)
1 Chilischote
1 Knoblauchzehe
Butterschmalz zum Braten
250 g Kirschtomaten
25 g schwarze, entsteinte Oliven
60 g Camembert
3 EL Olivenöl
1 TL getrockneter Oregano
Salz
Pfeffer

	100 g	Portion
KH	3,5	15,4
Fett	13,8	60,5
EW	3,4	14,8
Kcal	150	656
KJ	627	2745

So wird's gemacht:

Den Backofen auf 180 °C Umluft oder 200 °C Ober-/Unterhitze vorheizen.

Den Staudensellerie putzen, waschen und in feine Scheiben schneiden. Die Chilischote waschen, entkernen und klein schneiden (verwendete Menge an gewünschte Schärfe anpassen). Die Knoblauchzehe abziehen, fein würfeln und mit Chili und Staudensellerie in einer Pfanne mit etwas Butterschmalz anschwitzen. Anschließend Pfanne vom Herd nehmen.

Die Tomaten waschen und halbieren. Die Oliven klein schneiden. Den Camembert in Stücke schneiden.

Das Olivenöl in einer Schüssel mit Oregano, Salz und Pfeffer verquirlen. Alle Zutaten vermischen und in eine Auflaufform füllen. Den Auflauf 20 Minuten im Ofen backen.

Tipp: Schmeckt auch sehr gut mit Hähnchenstreifen.

Suppen und Eintöpfe

Garnelen-Fisch-Eintopf

Zubereitung: 45 Minuten
Für 2 Portionen

Zutaten:
150 g Seelachs
1 Möhre
50 g Staudensellerie
2 Frühlingszwiebeln
250 g Kirschtomaten
800 ml Gemüsebrühe oder Fischfond
150 g Garnelen
1 EL Meerrettich
1 TL Kräuter der Provence, TK oder getrocknet oder frisch gehackt
Salz
Pfeffer

So wird's gemacht:

Den Seelachs in Stücke schneiden. Möhre, Sellerie und Frühlingszwiebeln putzen und waschen. Die Möhre und den Staudensellerie in feine Scheiben und die Frühlingszwiebeln in Ringe schneiden. Die Tomaten waschen und halbieren.
Die Gemüsebrühe in einem Topf erhitzen und die Möhren und den Staudensellerie darin bissfest garen.
Die Garnelen und den Seelachs hinzugeben und gar ziehen lassen. Die Frühlingszwiebeln, die Tomaten, den Meerrettich und die Kräuter hinzugeben und kurz erhitzen. Mit Salz und Pfeffer abschmecken.

(Foto: siehe Seite 52/53)

	100 g	Portion
KH	2,1	15,9
Fett	1,3	9,9
EW	3,7	28,2
Kcal	33	258
KJ	140	1078

Würzige Auberginensuppe

Zubereitung: 45 Minuten
Für 2 Portionen

Zutaten:
100 g Hähnchenbrust
Butterschmalz zum Braten
1 Zwiebel
1 rote Paprikaschote
1 Aubergine
1 EL Xylit
Salz
Pfeffer
1 EL Paprikapulver, edelsüß
½ TL geriebene Muskatnuss
½ TL Zimt
1 TL Chiliflocken
Piment nach Belieben
Kreuzkümmel nach Belieben
2 EL Balsamico
200 ml Gemüsebrühe
400 g passierte Tomaten
20 g getrocknete, entsteinte Datteln

So wird's gemacht:
Die Hähnchenbrust in einem Topf mit Butterschmalz rundherum goldbraun anbraten und ca. 15 Minuten garen. Dann herausnehmen und in Würfel schneiden.
Die Zwiebel abziehen, würfeln und in dem Butterschmalz glasig dünsten. Die Paprikaschote waschen, entkernen, in Würfel schneiden, zu der Zwiebel geben und anbraten.
Die Aubergine waschen, putzen, in kleine Würfel schneiden, mit in den Topf geben und andünsten. Alles mit dem Xylit bestreuen und die Gewürze hinzugeben.
Das Gemüse mit dem Balsamico und der Gemüsebrühe ablöschen. Die passierten Tomaten angießen, die Hähnchenbruststücke in die Suppe geben und alles köcheln lassen, bis das Gemüse bissfest gegart ist. Die Suppe mit den Gewürzen nochmals kräftig abschmecken.
Die Datteln klein schneiden, separat verpacken und vor dem Verzehr die heiße Suppe damit garnieren.

	100 g	Portion
KH	6,2	40,7
Fett	1,5	9,9
EW	2,8	18,6
Kcal	50	333
KJ	211	1393

Curry-Sahne-Hähnchen-Topf

Zubereitung: 45 Minuten
Für 2 Portionen

Zutaten:
250 g Hähnchenbrust
Butterschmalz zum Braten
500 ml Gemüsebrühe
2 Möhren
1 Lauch
1 Staudensellerie
1 rote Paprikaschote
1 EL Currypulver
1 EL Paprikapulver, edelsüß
1 Glas Bambussprossen (180 g Abtropfgewicht)
150 g Sahne
Salz
Pfeffer
10 g Mandelblättchen

So wird's gemacht:

Die Hähnchenbrust in Würfel schneiden und in einer Pfanne mit Butterschmalz goldbraun anbraten. Mit der Gemüsebrühe ablöschen.

Die Möhren putzen, waschen und in Streifen schneiden.

Den Lauch gründlich waschen und in Ringe schneiden.

Den Staudensellerie putzen, waschen und in feine Scheiben schneiden. Die Paprikaschote waschen, entkernen und in Streifen schneiden.

Das Gemüse, das Currypulver und das Paprikapulver zur Brühe geben und alles 15 Minuten leicht köcheln lassen.

Die Bambussprossen abtropfen lassen und dazugeben.

Die Sahne in den Eintopf rühren, alles erhitzen und mit Salz und Pfeffer abschmecken. Eintopf in verschließbare Gläser abfüllen.

Die Mandelblättchen in einer Pfanne ohne Öl leicht anrösten und den Eintopf direkt vor dem Verzehr damit garnieren.

	100 g	Portion
KH	2,8	26,7
Fett	4,7	43,8
EW	4,4	41,5
Kcal	72	677
KJ	301	2833

Einfache Gemüsesuppe

Zubereitung: 50 Minuten
Für 2 Portionen

Zutaten:

1 Zwiebel
Butterschmalz zum Braten
1 l Gemüsebrühe
2 Möhren
1 Lauch
200 g Knollensellerie
2 EL Petersilie, TK oder getrocknet oder frisch gehackt
Salz
Pfeffer

So wird's gemacht:

Die Zwiebel abziehen, in Würfel schneiden und in einem Topf mit Butterschmalz glasig dünsten. Mit der Gemüsebrühe ablöschen.

Die Möhren putzen, waschen und in Würfel schneiden.

Den Lauch gründlich waschen, putzen und in Ringe schneiden. Den Sellerie schälen und in Würfel schneiden.

Das Gemüse in die Brühe geben und 30 Minuten leicht köcheln lassen.

Die Petersilie in die Suppe einrühren und Suppe mit Salz und Pfeffer abschmecken.

	100 g	Portion
KH	2,7	24,7
Fett	1,6	14,4
EW	1,1	9,6
Kcal	30	271
KJ	125	1135

Hähnchen-Kokos-Suppe

Zubereitung: 1 Stunde 30 Minuten
Kochdauer: 1 Stunde
Für 4 Portionen

Zutaten:
1 kg Hähnchenschenkel
1 l Wasser
Salz
1 rote Paprikaschote
1 Möhre
3 Frühlingszwiebeln
1 Glas Mungobohnensprossen (ca. 175 g Abtropfgewicht)
200 ml Kokosmilch
Chiliflocken nach Belieben
Limettensaft nach Belieben
Pfeffer

So wird's gemacht:

Die Hähnchenschenkel in einem Topf mit Salzwasser zugedeckt 1 Stunde köcheln lassen. Dann die Hähnchenschenkel herausnehmen, abkühlen lassen und das Fleisch von den Knochen lösen. Die Kochflüssigkeit im Topf lassen.

Die Paprikaschote waschen, vierteln, entkernen und in schmale Streifen schneiden. Die Möhre und die Frühlingszwiebeln putzen, waschen und ebenfalls in ca. 5 cm lange, dünne Streifen schneiden. Die Mungobohnensprossen in ein Sieb abgießen und abtropfen lassen.

Das Hähnchenfleisch, die Paprika-, die Möhren- und die Frühlingszwiebelstreifen mit den Mungobohnensprossen in den Topf mit der Brühe geben. Die Kokosmilch hinzugießen und alles mit Chiliflocken, Limettensaft und Pfeffer nach Belieben würzen. Die Suppe kurz köcheln lassen, bis das Gemüse bissfest gegart ist.

	100 g	Portion
KH	2	8,9
Fett	9	39,3
EW	10,9	47,6
Kcal	135	594
KJ	567	2488

Hühnersuppe Classico

Zubereitung: 50 Minuten
Für 2 Portionen

Zutaten:
1 Zwiebel
Butterschmalz zum Braten
1 l Gemüsebrühe
2 Lorbeerblätter
3 Nelken
500 g Hähnchenbrust
2 Möhren
1 Lauch
200 g Staudensellerie
1 EL getrocknete Petersilie
Salz
Pfeffer

So wird's gemacht:

Die Zwiebel abziehen, in Würfel schneiden und in einem Topf mit Butterschmalz glasig dünsten. Mit der Gemüsebrühe ablöschen. Die Lorbeerblätter, die Nelken und die Hähnchenbrust hinzugeben und alles zum Kochen bringen.

Die Möhren putzen, waschen und in Streifen schneiden. Den Lauch gründlich waschen und in Ringe schneiden. Den Staudensellerie putzen, waschen und in feine Scheiben schneiden. Das Gemüse in die Brühe geben und 15 Minuten leicht köcheln lassen.

Die Hähnchenbrust aus der Suppe holen, klein schneiden und wieder in den Topf geben. Die Petersilie in die Suppe einrühren und diese mit Salz und Pfeffer abschmecken.

	100 g	Portion
KH	2,1	24,7
Fett	1,7	19,4
EW	5,8	67,1
Kcal	47	546
KJ	197	2286

Königsberger Eintopf

Zubereitung: 50 Minuten
Für 3 Portionen

Zutaten:
1 Zwiebel
Butterschmalz zum Dünsten
1 EL Xylit
1 l Rinderbrühe
1 Möhre
150 g Knollensellerie
1 Süßkartoffel (ca. 250 g)
400 g Rinderhackfleisch
1 EL Senf, mittelscharf
1 Ei (M)
Salz
Pfeffer
1 Glas Kapern (60 g Abtropfgewicht)
1 EL Zitronensaft
200 g Sahne

So wird's gemacht:

Die Zwiebel abziehen und in Würfel schneiden. Die Hälfte der Zwiebelwürfel in Butterschmalz andünsten und mit dem Xylit bestreuen. Mit der Rinderbrühe ablöschen.
Die Möhre putzen und in Scheiben schneiden. Den Sellerie und die Süßkartoffel schälen und in Würfel schneiden.
Das Gemüse in die Brühe geben und bissfest garen.
Das Rinderhackfleisch mit dem Senf, dem Ei, den übrigen Zwiebelwürfeln und Salz und Pfeffer zu einer homogenen Masse kneten. Aus der Hackfleischmasse kleine Bällchen formen und in Butterschmalz kurz rundum goldbraun anbraten.
Die Kapern und den Zitronensaft in die Suppe geben. Die Hackbällchen in die Brühe geben und fertig gar ziehen lassen.
Die Sahne hinzugießen, erhitzen und den Eintopf mit Salz und Pfeffer abschmecken.

	100 g	Portion
KH	3,7	29,1
Fett	5,7	45,5
EW	4,4	35,4
Kcal	85	678
KJ	357	2840

Möhren-Erdnuss-Suppe mit Tomaten

Zubereitung: 30 Minuten
Für 2 Portionen

Zutaten:

1 Zwiebel
Butterschmalz zum Braten
300 ml Gemüsebrühe
3 Möhren
200 g Sahne
1 EL Xylit
2 EL Erdnusscreme
25 g Erdnüsse
50 g Kirschtomaten
Salz
Pfeffer

So wird's gemacht:

Die Zwiebel abziehen, würfeln und in einem Topf mit Butterschmalz glasig dünsten. Mit der Gemüsebrühe ablöschen.
Die Möhren putzen, waschen, in Scheiben schneiden, zur Brühe geben und darin in ca. 10 Minuten bissfest garen.
Die Sahne, das Xylit und die Erdnusscreme einrühren.
Die Erdnüsse in einer Pfanne ohne Öl leicht rösten. Die Tomaten waschen und halbieren. Beides zur Suppe geben, erhitzen und die Suppe mit Salz und Pfeffer abschmecken.

	100 g	Portion
KH	5,6	29,3
Fett	10,4	54,3
EW	2,6	13,7
Kcal	129	673
KJ	539	2816

Paprika-Brokkoli-Feta-Suppe

Zubereitung: 35 Minuten
Für 2 Portionen

Zutaten:
1 rote Zwiebel
Butterschmalz zum Braten
2 Paprikaschoten, Farbe nach Belieben
800 ml Gemüsebrühe
1 EL Paprikapulver, edelsüß
250 g Brokkoli
3 Frühlingszwiebeln
100 g Kirschtomaten
200 g Feta
1 TL getrockneter Estragon
Salz
Pfeffer
40 g Pinienkerne

So wird's gemacht:

Die Zwiebel abziehen, würfeln und in einem Topf mit Butterschmalz glasig dünsten. Die Paprikaschoten waschen, entkernen, in Würfel schneiden, zu der Zwiebel geben und mit anbraten. Mit der Gemüsebrühe ablöschen. Das Paprikapulver einrühren.

Den Brokkoli waschen, in Röschen teilen, zur Suppe geben und darin in ca. 10 Minuten bissfest garen.

Die Frühlingszwiebeln putzen, waschen und in Ringe schneiden. Die Tomaten waschen und halbieren. Den Feta würfeln. Frühlingszwiebeln, Tomaten, Feta und Estragon in die Brühe geben und erhitzen. Mit Salz und Pfeffer abschmecken.

Die Pinienkerne in einer Pfanne ohne Öl leicht anrösten und die Suppe vor dem Verzehr damit garnieren.

	100 g	Portion
KH	3,9	36
Fett	5,1	40,4
EW	3,1	28,5
Kcal	72	661
KJ	302	2767

Zwiebel-Käse-Suppe mit Hackfleisch

Zubereitung: 30 Minuten
Für 3 Portionen

Zutaten:

2 rote Zwiebeln
2 weiße Zwiebeln
300 g Rinderhackfleisch
200 ml Rinderbrühe
200 g Sahne
200 g Schmelzkäse
Salz
Pfeffer
1 Frühlingszwiebel

So wird's gemacht:

Die Zwiebeln abziehen, halbieren, in Streifen schneiden und in einem Topf mit Butterschmalz glasig dünsten. Das Rinderhackfleisch hinzugeben und krümelig braten.

Mit der Rinderbrühe und der Sahne ablöschen. Den Schmelzkäse einrühren und die Suppe mit Salz und Pfeffer abschmecken.

Die Frühlingszwiebel putzen, waschen, in Ringe schneiden und zur Suppe geben. Alles nochmals erhitzen.

	100 g	Portion
KH	4,4	19,2
Fett	12,1	51,3
EW	7,3	31
Kcal	151	638
KJ	631	2673

Bratlinge, Frikadellen und Co.

Tomatenbolognese

Zubereitung: 40 Minuten
Für 2 Portionen

Zutaten:
1 Zwiebel
1 Knoblauchzehe
Butterschmalz zum Braten
1 Möhre
200 g Rinderhackfleisch
1 EL Tomatenmark
1 EL Paprikapulver, edelsüß
200 ml Rinderbrühe
2 EL Balsamico
250 g passierte Tomaten
1 EL Xylit
1 TL getrockneter Majoran
Salz
Pfeffer
Optional frisches Basilikum

So wird's gemacht:

Die Zwiebel und die Knoblauchzehe abziehen, würfeln und in einer Pfanne mit Butterschmalz glasig dünsten. Die Möhre putzen, waschen, in Scheiben schneiden, zu der Zwiebel und dem Knoblauch geben und anbraten.
Das Rinderhackfleisch hinzugeben und krümelig braten.
Das Tomatenmark und das Paprikapulver zufügen und kurz mit anschwitzen.
Alles mit der Rinderbrühe und dem Balsamico ablöschen.
Die passierten Tomaten, das Xylit und den Majoran hinzugeben. Mit Salz und Pfeffer würzen. Die Bolognese 10 Minuten köcheln lassen und dann in verschließbare Gläser abfüllen.
Direkt vor dem Verzehr nach Belieben mit frischem Basilikum garnieren.

(Foto: siehe Seite 66/67)

Tipp: Zu der Tomatenbolognese passen Gemüsenudeln oder Low-Carb-Brot nach Wahl.

	100 g	Portion
KH	4,9	22,8
Fett	3,8	17,6
EW	5,2	24,4
Kcal	77	362
KJ	323	1515

Hackbällchen mit Tomatensauce

Zubereitung: 40 Minuten
Für 2 Portionen

Zutaten:
Für die Hackbällchen
1 Zwiebel
1 EL frische Petersilie
300 g Rinderhackfleisch
1 Ei (M)
1 TL Senf, mittelscharf
Salz
Pfeffer
1 TL Paprikapulver, edelsüß
Butterschmalz zum Braten

Für die Tomatensauce
2 Tomaten
1 Knoblauchzehe
Butterschmalz zum Braten
1 EL Tomatenmark
250 g passierte Tomaten
1 EL getrockneter Oregano
1 EL getrocknetes Basilikum
Salz
Pfeffer

Außerdem
½ Blumenkohl

	100 g	Portion
KH	3	20,5
Fett	3,9	26,8
EW	5,7	38,7
Kcal	70	475
KJ	291	1989

So wird's gemacht:

Die Zwiebel abziehen und fein würfeln. Die Petersilie waschen, trocken schütteln und hacken. Die Hälfte der Zwiebelwürfel in einer Schüssel mit den übrigen Zutaten für die Hackbällchen verkneten und kleine Bällchen aus der Masse formen. Die Hackbällchen in einer Pfanne mit Butterschmalz rundum goldbraun braten.
Für die Sauce die Tomaten waschen und klein schneiden. Die Knoblauchzehe abziehen und fein hacken, mit den restlichen Zwiebelwürfeln von den Hackbällchen in einer Pfanne mit Butterschmalz glasig dünsten. Das Tomatenmark und die Tomatenstücke hinzugeben. Die passierten Tomaten angießen und die Gewürze hinzugeben. Alles erhitzen und 10 Minuten köcheln lassen. Die Sauce heiß in ein Glas füllen, verschließen und abkühlen lassen.
Den Blumenkohl waschen und fein raspeln. In einer Pfanne ohne Öl auf mittlerer Hitze ca. 10 Minuten unter Rühren dämpfen, bis der Blumenkohlreis bissfest gegart ist.
Hackbällchen, Tomatensauce und Blumenkohlreis bis zum Verzehr getrennt gut verschlossen und kühl lagern.

Avocado-Quinoa-Bratlinge

Zubereitung: 40 Minuten
Für 2 Portionen

Zutaten:
100 g Quinoa
Salz
Optional Gemüsebrühe zum Kochen
1 Avocado
100 g Feta
2 Eier (M)
Pfeffer
Butterschmalz zum Braten

So wird's gemacht:

Die Quinoa in ein feines Sieb geben und mit Wasser spülen, bis das Wasser klar ist. Dann in einem Topf mit Salzwasser oder wahlweise Gemüsebrühe 20 Minuten garen.
Die Avocado halbieren, den Kern entfernen, das Fruchtfleisch aus der Schale lösen und mit der Gabel zerdrücken.
Den Feta mit den Händen zerbröseln.
Die Quinoa, das Avocadofruchtfleisch und den Feta in einer Schüssel mit den Eiern, Salz und Pfeffer zu einer homogenen Masse verrühren.
Aus der Masse Bratlinge formen und diese in einer Pfanne mit Butterschmalz in ca. 4 Minuten von jeder Seite goldbraun braten.

	100 g	Portion
KH	4,7	34,9
Fett	4,9	36,4
EW	3	22,3
Kcal	77	570
KJ	322	2386

Gefüllte Paprika mit Ziegenkäse

Zubereitung: 60 Minuten
Für 2 Portionen

Zutaten:

2 Paprikaschoten
80 g Ziegenweichkäse
1 Ei (M)
50 g Sahne
30 g gemahlene Mandeln
30 g Rosinen
30 g Sonnenblumenkerne
30 g Pinienkerne
20 g getrocknete Cranberrys
Pfeffer

So wird's gemacht:

Den Backofen auf 200 °C Umluft oder 220 °C Ober-/Unterhitze vorheizen.

Die Paprikaschoten waschen, einen Deckel abschneiden und Kerne und Trennhäute entfernen.

Den Ziegenweichkäse in einer Schüssel mit dem Ei, der Sahne und den gemahlenen Mandeln verrühren. Die Rosinen, die Sonnenblumenkerne, die Pinienkerne und die Cranberrys unterheben. Masse mit Pfeffer abschmecken.

Die Masse in die Paprikaschoten füllen, die Schoten in eine Auflaufform setzen, den Deckel aufsetzen und 45 Minuten im Ofen backen.

	100 g	Portion
KH	9,8	31,9
Fett	14,6	47,4
EW	7,2	23,3
Kcal	203	657
KJ	849	2750

Gebackene Tomaten mit Hackbällchen und Pinienkernen

Zubereitung: 35 Minuten
Für 2 Portionen

Zutaten:
1 kleine rote Zwiebel
Butterschmalz zum Braten
300 g Rinderhackfleisch
1 Ei (M)
1 TL getrockneter Oregano
Salz
Pfeffer
250 g Kirschtomaten
1 EL Olivenöl
1 TL getrockneter Estragon
20 g Pinienkerne

So wird's gemacht:
Den Backofen auf 180 °C Umluft oder 200 °C Ober-/Unterhitze vorheizen.
Die Zwiebel abziehen, fein würfeln und in einer Pfanne mit etwas Butterschmalz kurz anbraten.
Das Rinderhackfleisch in einer Schüssel mit dem Ei, den Zwiebelwürfeln, Oregano, Salz und Pfeffer nach Geschmack gut vermischen und aus der Masse kleine Bällchen formen.
Die Hackbällchen in der Pfanne mit etwas Butterschmalz rundum goldbraun braten.
Die Tomaten waschen und mit den Hackbällchen in eine Auflaufform füllen. Das Olivenöl in einer kleinen Schüssel mit dem Estragon verrühren und über die Tomaten träufeln.
Tomaten und Hackbällchen 20 Minuten im Ofen backen.
Die Pinienkerne in einer Pfanne ohne Öl goldbraun rösten.
Die gebackenen Tomaten und die Hackbällchen mit frisch gemahlenem Pfeffer und mit den Pinienkernen bestreuen.

Tipp: Am besten verwendest du Frischhaltebehälter aus Glas, die für den Backofen und für die Mikrowelle geeignet sind. So musst du das fertige Gericht vor dem Erwärmen nicht noch in eine hitzebeständige Form umfüllen.

	100 g	Portion
KH	3,2	11,4
Fett	9,8	34,8
EW	10,5	37,4
Kcal	140	500
KJ	587	2092

Kidneyfrikadellen mit Joghurt-Chili-Dip

Zubereitung: 35 Minuten
Für 4 Portionen

Zutaten:

Für die Frikadellen

30 g Quinoa oder 50 g gekochte Quinoa
Salz
Optional Gemüsebrühe zum Kochen
1 rote Zwiebel
Butterschmalz zum Braten
400 g Rinderhackfleisch
1 Ei (M)
100 g Kidneybohnen
1 TL Paprikapulver, edelsüß
¼ TL Kreuzkümmel
Pfeffer

Für den Dip

¼ Paprikaschote
150 g griechischer Joghurt
1 TL Paprikapulver, edelsüß
Chilipulver nach Belieben
Cayennepfeffer nach Belieben
geriebene Muskatnuss nach Belieben
Salz
Pfeffer

	100 g	Portion
KH	4,1	9,4
Fett	9,7	22
EW	11,3	25,7
Kcal	149	339
KJ	624	1419

So wird's gemacht:

Die Quinoa in ein Sieb geben, spülen und dann in einem Topf mit Salzwasser oder Gemüsebrühe weich garen. Durch ein Sieb abgießen.

Die Zwiebel abziehen, würfeln und in einer Pfanne mit Butterschmalz glasig dünsten. Das Hackfleisch in einer Schüssel mit der Zwiebel, dem Ei, den abgetropften Kidneybohnen, Paprikapulver, Kreuzkümmel, Salz und Pfeffer zu einer homogenen Masse vermengen.

Aus der Masse Frikadellen formen und diese in einer Pfanne mit Butterschmalz von beiden Seiten goldbraun ausbacken.

Die Paprikaschote waschen, putzen und fein hacken. In einer Schüssel Paprika mit den restlichen Zutaten für den Dip verrühren. Den Dip in verschließbare Gläser abfüllen und zu den Frikadellen reichen.

Tipp: Die Kidneyfrikadellen sind ideal als Snack oder mit einer Beilage als Hauptmahlzeit.

Ofengemüse

Zubereitung: 35 Minuten
Für 2 Portionen

Zutaten:

1 rote Zwiebel
1 Zucchini
2 Paprikaschoten, Farbe nach Belieben
5 EL Olivenöl
1 EL Kräuter der Provence, TK oder getrocknet oder frisch gehackt
Salz
Pfeffer
100 g geriebener Gouda

So wird's gemacht:

Den Backofen auf 180 °C Umluft vorheizen.
Die Zwiebel abziehen und in Spalten schneiden.
Die Zucchini und die Paprikaschoten waschen, putzen und in Würfel schneiden.
Das Gemüse auf einem mit Backpapier ausgelegten Backblech verteilen. Das Olivenöl mit den Kräutern, Salz und Pfeffer verrühren und über das Gemüse träufeln.
Das Gemüse ca. 20 Minuten im Ofen garen. Dann den geriebenen Gouda darüber verteilen und das Ganze nochmals 10 Minuten im Ofen backen.

Tipp: Das Ofengemüse ist eine ideale Beilage zum Beispiel zu Frikadellen oder Hähnchenbrust. Es schmeckt auch sehr gut mit einem Dip nach deiner Wahl.

	100 g	Portion
KH	34,1	19,6
Fett	8,7	41,5
EW	3,2	15,5
Kcal	106	511
KJ	446	2139

Tomaten-Brokkoli-Frittata

Zubereitung: 45 Minuten
Für 2 Portionen

Zutaten:
100 g Brokkoli
Salz
100 g Kirschtomaten
1 Frühlingszwiebel
5 Eier (M)
50 g geriebener Gouda
1 TL getrocknete Petersilie
½ TL getrockneter Thymian
Pfeffer
Butterschmalz zum Fetten

So wird's gemacht:

Den Brokkoli waschen, in Röschen teilen und in einem Topf mit Salzwasser in ca. 7 Minuten bissfest garen. Dann durch ein Sieb abgießen.

Den Backofen auf 160 °C Umluft oder 180 °C Ober-/Unterhitze vorheizen.

Die Tomaten waschen und halbieren. Die Frühlingszwiebel putzen, waschen und in Ringe schneiden.

Die Eier in einer Schüssel verquirlen und den geriebenen Gouda, den Brokkoli, die Tomaten, die Frühlingszwiebel, die Petersilie, den Thymian, Salz und Pfeffer nach Geschmack unterheben.

Die Masse in eine gefettete Auflaufform füllen und 30 Minuten im Ofen backen.

Tipp: Die Frittata ist ein idealer Snack für die Arbeitspause am Vormittag.

	100 g	Portion
KH	2,5	7,1
Fett	8,8	24,4
EW	9,4	26
Kcal	125	347
KJ	523	1452

Rote-Linsen-Plätzchen

Zubereitung: 45 Minuten
Für 10 Stück

Zutaten:

50 g rote Linsen
Gemüsebrühe zum Kochen
250 g Zucchini
Salz
1 Zwiebel
1 Knoblauchzehe
Butterschmalz zum Braten
3 Eier (M)
1 EL Leinsamen
1 TL Chiasamen
1 EL Petersilie, TK oder getrocknet oder frisch gehackt
1/4 TL gemahlener Koriander
1/4 TL Kreuzkümmel
Pfeffer

So wird's gemacht:

Die Linsen in einem Topf in Gemüsebrühe weich garen und durch ein Sieb abgießen.

Die Zucchini waschen, putzen, raspeln und in eine Schüssel geben. Dann salzen und 10 Minuten ruhen lassen. Im Anschluss gut ausdrücken.

Die Zwiebel und die Knoblauchzehe abziehen, würfeln und in einer Pfanne mit Butterschmalz glasig dünsten. Danach die Zwiebeln, den Knoblauch, die Eier, die Quinoa, die Zucchiniraspel, die Leinsamen, die Chiasamen, die Petersilie, den Koriander und den Kreuzkümmel in einer Schüssel zu einer homogenen Masse vermengen. Mit Salz und Pfeffer würzen.

Aus der Masse 10 Plätzchen formen und diese in einer Pfanne mit Butterschmalz von beiden Seiten goldbraun ausbacken.

Tipp: Zu den Linsenplätzchen passt ein Dip nach Wahl. Das ergibt einen idealen Snack für zwischendurch.

	100 g	Portion
KH	7	4,5
Fett	7,3	4,7
EW	6,7	4,3
Kcal	122	79
KJ	510	329

Überbackene Zucchinischiffe

Zubereitung: 45 Minuten
Für 1 Portion

Zutaten:
1 Zucchini
50 g Kidneybohnen
50 g Schafskäse
1 rote Zwiebel
50 g geriebener Gouda
Salz
Pfeffer

	100 g	Portion
KH	3,8	21,1
Fett	8,2	45
EW	6,8	37,2
Kcal	115	631
KJ	480	2641

So wird's gemacht:

Den Backofen auf 180 °C Umluft oder 200 °C Ober-/Unterhitze vorheizen.
Die Zucchini putzen, waschen, längs halbieren und so weit teilen, dass die Stücke in eine Auflaufform passen.
Die Kidneybohnen in ein Sieb abgießen und abtropfen lassen. Den Schafskäse in kleine Stücke brechen. Die Zwiebel abziehen, halbieren und in Streifen schneiden.
Die Kidneybohnen in einer Schüssel mit dem Schafskäse, der Zwiebel und dem geriebenen Gouda vermischen. Mit Salz und Pfeffer würzen. Die Mischung auf die Zucchinistücke verteilen und die Schiffchen 30 Minuten im Ofen backen.

Tipp: Du kannst das Rezept mit Hähnchenstreifen für eine Extraportion Protein ergänzen.

Muffins

Hack-Paprika-Käse-Muffins

Zubereitung: 45 Minuten
Für 12 Muffins

Zutaten:
1 Zwiebel
Butterschmalz zum Braten
250 g Rinderhackfleisch
Pfeffer
Salz
1 EL Paprikapulver, edelsüß
1 rote Paprikaschote
200 g Sahne
4 Eier (M)
100 g gemahlene Mandeln
10 g geschrotete Leinsamen
5 g Flohsamenschalen
100 g geriebener Gouda

So wird's gemacht:

Den Backofen auf 160 °C Umluft oder 180 °C Ober-/Unterhitze vorheizen.

Die Zwiebel abziehen, würfeln und in einer Pfanne mit Butterschmalz glasig dünsten. Das Hackfleisch hinzugeben und krümelig braten. Mit Pfeffer, Salz und Paprikapulver würzen.

Die Paprikaschote waschen, entkernen und in kleine Stücke schneiden.

Die Sahne in einer Schüssel mit den Eiern cremig rühren.

Die gemahlenen Mandeln in einer zweiten Schüssel mit den Leinsamen und den Flohsamenschalen vermischen, anschließend mit der Sahne-Ei-Masse zu einem gleichmäßigen Teig verrühren.

Die Hackfleischmasse, die Paprikastücke und den geriebenen Gouda unter den Teig heben. Den Teig in 12 Silikon-Muffinformen füllen und 25 Minuten im Ofen backen.

(Foto: siehe Seite 80/81)

	100 g	Portion
KH	3	2,8
Fett	18,5	17,8
EW	12,4	11,9
Kcal	231	222
KJ	968	930

Apfel-Rosinen-Muffins

Zubereitung: 45 Minuten
Für 10 Muffins

Zutaten:
1 kleiner Apfel
150 g griechischer Joghurt
3 Eier (M)
100 g gemahlene Mandeln
1 TL Zimt
40 g Xylit
1 TL Backpulver
20 g Rosinen oder Sultaninen

So wird's gemacht:

Den Backofen auf 160 °C Umluft oder 180 °C Ober-/Unterhitze vorheizen.
Den Apfel heiß abwaschen, trocken reiben, entkernen und in kleine Stücke schneiden.
Den griechischen Joghurt in einer Schüssel mit den Eiern cremig rühren. Die gemahlenen Mandeln in einer zweiten Schüssel mit dem Zimt, dem Xylit und dem Backpulver vermischen und anschließend mit der Joghurt-Ei-Masse zu einem gleichmäßigen Teig verrühren.
Die Apfelstücke und die Rosinen bzw. Sultaninen mit dem Löffel in den Teig rühren. Den Teig in 10 Silikon-Muffinformen füllen und 30 Minuten im Ofen backen.

	100 g	Portion
KH	9,2	5,6
Fett	14,2	8,7
EW	8,5	5,2
Kcal	211	130
KJ	884	543

Bananen-Walnuss-Muffins

Zubereitung: 35 Minuten
Für 10 Muffins

Zutaten:

1 Banane
150 g griechischer Joghurt
3 Eier (M)
70 g gemahlene Mandeln
20 g Sonnenblumenmehl, teilentölt
10 g Chiasamen
40 g Xylit
1 TL Backpulver
50 g Walnusskerne

So wird's gemacht:

Den Backofen auf 160 °C Umluft oder 180 °C Ober-/Unterhitze vorheizen.

Die Banane schälen und in einer Schüssel mit einer Gabel zu Mus zerdrücken.

Den griechischen Joghurt und die Eier dazugeben und alles cremig rühren.

Die gemahlenen Mandeln in einer weiteren Schüssel mit dem Sonnenblumenmehl, den Chiasamen, dem Xylit und dem Backpulver vermischen. Anschließend mit der Joghurt-Bananen-Masse zu einem gleichmäßigen Teig verrühren.

Die Walnusskerne grob hacken und mit dem Löffel unter den Teig heben. Den Teig in 10 Silikon-Muffinformen füllen und 25 Minuten im Ofen backen.

	100 g	**Portion**
KH	9,6	6,4
Fett	16	10,7
EW	9,5	6,4
Kcal	232	155
KJ	970	649

Blaubeer-Ziegenkäse-Muffins

Zubereitung: 35 Minuten
Für 10 Muffins

Zutaten:
100 g Quark (40 %)
4 Eier (M)
50 g Mandelmehl, teilentölt
2 EL Xylit
1 TL Backpulver
10 Taler Ziegenfrischkäse (200 g)
100 g Blaubeeren (frisch oder TK)

So wird's gemacht:

Den Backofen auf 160 °C Umluft oder 180 °C Ober-/ Unterhitze vorheizen.
Den Quark in einer Schüssel mit den Eiern cremig rühren.
Das Mandelmehl in einer zweiten Schüssel mit dem Xylit und dem Backpulver vermischen, anschließend mit der Quark-Ei-Masse zu einem gleichmäßigen Teig verrühren.
Die Hälfte des Teiges auf 10 Silikon-Muffinformen verteilen. Jeweils 1 Taler Ziegenfrischkäse in eine Muffinform legen und mit dem restlichen Teig bedecken.
Die Blaubeeren waschen, abtropfen lassen und ebenfalls auf die Muffins verteilen.
Die Muffins 25 Minuten im Ofen backen.

	100 g	Portion
KH	4,7	3,4
Fett	9	6,6
EW	11,7	8,5
Kcal	155	114
KJ	650	476

Chili-Käse-Muffins

Zubereitung: 45 Minuten
Für 6 Muffins

Zutaten:
1 Chilischote
20 g getrocknete Tomaten
100 g griechischer Joghurt
3 Eier (M)
40 g Mandelmehl
100 g geriebener Gouda

	100 g	Portion
KH	2,1	1,5
Fett	14,4	10,7
EW	15,7	11,6
Kcal	204	151
KJ	854	632

So wird's gemacht:

Den Backofen auf 160 °C Umluft oder 180 °C Ober-/Unterhitze vorheizen.

Die Chilischote waschen, entkernen und in kleine Stücke schneiden (verwendete Menge an gewünschte Schärfe anpassen). Die getrockneten Tomaten in kleine Stücke schneiden.

Den griechischen Joghurt in einer Schüssel mit den Eiern cremig rühren. Das Mandelmehl dazugeben und alles zu einem gleichmäßigen Teig verrühren. Chili, Tomaten und geriebenen Gouda unterheben.

Den Teig in 6 Silikon-Muffinformen füllen und 30 Minuten im Ofen backen.

Fruchtige Saatenmuffins

Zubereitung: 40 Minuten
Für 10 Muffins

Zutaten:
150 g griechischer Joghurt
3 Eier (M)
50 g gemahlene Mandeln
30 g Sonnenblumenkerne
10 g Haferkleie
10 g Leinsamen, ganz
10 g Chiasamen
2 EL Xylit
1 TL Backpulver, stärkefrei
20 g Pekannüsse
50 g getrocknete Cranberrys
10 getrocknete, entsteinte Datteln

So wird's gemacht:

Den Backofen auf 160 °C Umluft oder 180 °C Ober-/Unterhitze vorheizen.
Den griechischen Joghurt in einer Schüssel mit den Eiern cremig rühren. Die gemahlenen Mandeln in einer zweiten Schüssel mit den Sonnenblumenkernen, der Haferkleie, den Leinsamen, den Chiasamen, dem Xylit und dem Backpulver vermischen und anschließend mit der Joghurt-Ei-Masse zu einem gleichmäßigen Teig verrühren.
Die Pekannüsse grob hacken und mit den Cranberrys mit dem Löffel unter den Teig heben. Den Teig in 10 Silikon-Muffinformen füllen und jeweils 1 Dattel in jede Muffinmulde drücken.
Die Muffins 25 Minuten im Ofen backen.

	100 g	Portion
KH	17,2	10,3
Fett	16,5	9,9
EW	9,4	5,6
Kcal	269	161
KJ	1125	674

Hack-Bacon-Möhren-Muffins

Zubereitung: 45 Minuten
Für 10 Muffins

Zutaten:
50 g Bacon
1 kleine Zwiebel
250 g Rinderhackfleisch
Pfeffer
1 TL Paprikapulver, edelsüß
1 Msp. Kreuzkümmel
250 g Möhren
20 g Pinienkerne
200 g Crème fraîche
4 Eier (M)
50 g Leinsamenmehl

So wird's gemacht:

Den Backofen auf 160 °C Umluft oder 180 °C Ober-/Unterhitze vorheizen.

Den Bacon klein schneiden und in einer Pfanne ohne Fett knusprig braten. Die Zwiebel abziehen, würfeln und in der Pfanne glasig dünsten. Das Hackfleisch hinzugeben und krümelig braten. Mit Pfeffer, Paprikapulver und Kreuzkümmel würzen.

Die Möhren putzen, waschen und raspeln. Die Pinienkerne in einer Pfanne ohne Öl leicht anrösten.

Die Crème fraîche in einer Schüssel mit den Eiern und dem Leinsamenmehl zu einem gleichmäßigen Teig verrühren.

Die Hackfleischmasse, die geraspelten Möhren und die Pinienkerne unter den Teig heben. Den Teig in 10 Silikon-Muffinformen füllen und 30 Minuten im Ofen backen.

	100 g	Portion
KH	3,1	3,6
Fett	12,8	14,5
EW	10,5	11,9
Kcal	174	198
KJ	730	827

Kokos-Avocado-Muffins

Zubereitung: 40 Minuten
Für 10 Muffins

Zutaten:
1 Avocado (130 g)
150 g Kokosmilch
3 Eier (M)
100 g gemahlene Mandeln
40 g Kokosraspel
40 g Xylit
1 TL Backpulver
Kokosraspel zum Bestreuen

	100 g	Portion
KH	5,1	3,2
Fett	23,2	14,8
EW	8,2	5,2
Kcal	275	176
KJ	1151	735

So wird's gemacht:

Den Backofen auf 160 °C Umluft oder 180 °C Ober-/Unterhitze vorheizen.

Die Avocado halbieren, den Kern entfernen und das Fruchtfleisch mit einem Löffel aus der Schale lösen. Das Avocadofruchtfleisch mit der Kokosmilch in eine Schüssel geben und mit dem Stabmixer fein pürieren. Dann die Eier unterrühren.

Die gemahlenen Mandeln in einer Schüssel mit der Kokosraspel, dem Xylit und dem Backpulver vermischen und anschließend mit der Avocado-Ei-Masse zu einem gleichmäßigen Teig verrühren. Den Teig in 10 Silikon-Muffinformen füllen.

Die Muffins 25 Minuten im Ofen backen. Nach dem Backen mit der Kokosraspel bestreuen.

Mascarponemuffins

Zubereitung: 35 Minuten
Für 10 Muffins

Zutaten:
250 g Mascarpone
4 Eier (M)
40 g Mandelmehl, teilentölt
40 g Haferkleie
40 g Xylit
1 TL gemahlene Vanille
1 TL Backpulver
100 g Clementinen

	100 g	Portion
KH	7,8	5,5
Fett	18,8	13,4
EW	10	7,1
Kcal	252	179
KJ	1055	749

So wird's gemacht:

Den Backofen auf 160 °C Umluft oder 180 °C Ober-/Unterhitze vorheizen.
Den Mascarpone in einer Schüssel mit den Eiern verquirlen.
Das Mandelmehl in einer zweiten Schüssel mit der Haferkleie, dem Xylit, der Vanille und dem Backpulver vermischen und anschließend mit der Mascarpone-Ei-Masse zu einem gleichmäßigen Teig verrühren.
Die Clementinen gründlich schälen und in Spalten trennen.
Den Teig in 10 Silikon-Muffinformen füllen und jeweils 1 Clementinenspalte in den Teig drücken.
Die Muffins 25 Minuten im Ofen backen.

Tipp: Diese Muffins schmecken auch wunderbar mit anderem Obst, zum Beispiel Himbeeren.

Olivenmuffins mit Feta

Zubereitung: 45 Minuten
Für 10 Muffins

Zutaten:
150 g Quark (40 %)
4 Eier (M)
5 g Olivenöl
100 g gemahlene Mandeln
5 g Flohsamenschalen
1 TL getrocknetes Basilikum
Salz
Pfeffer
50 g schwarze, entsteinte Oliven
100 g Feta
10 Kirschtomaten

So wird's gemacht:

Den Backofen auf 160 °C Umluft oder 180 °C Ober-/Unterhitze vorheizen.

Den Quark in einer Schüssel mit den Eiern und dem Olivenöl cremig rühren. Die gemahlenen Mandeln in einer zweiten Schüssel mit den Flohsamenschalen, dem Basilikum, Salz und Pfeffer vermischen und anschließend mit der Quark-Ei-Masse zu einem gleichmäßigen Teig verrühren.

Die Oliven und den Feta in kleine Stücke schneiden und unter den Teig heben. Den Teig in 10 Silikon-Muffinformen füllen. Die Tomaten waschen und jeweils 1 Kirschtomate in einen Muffin drücken. Die Muffins 25 Minuten im Ofen backen.

	100 g	Portion
KH	2	1,5
Fett	13,7	10,8
EW	8,8	7
Kcal	170	134
KJ	711	562

Pfannengerichte

Kohlrabi-Hack-Pfanne mit Bacon

Zubereitung: 45 Minuten
Für 2 Portionen

Zutaten:
80 g Bacon
400 g Rinderhackfleisch
1 Zwiebel
400 g Kohlrabi
200 g Möhren
200 ml Gemüsebrühe
½ TL Chiliflocken oder nach Belieben
1 EL Paprikapulver, edelsüß
1 EL Tomatenmark
1 TL Senf
1 Msp. Kreuzkümmel
Salz
Pfeffer

So wird's gemacht:

Den Bacon in einer Pfanne ohne Öl knusprig braten, aus der Pfanne nehmen und auf Küchenpapier abtropfen lassen.
Das Rinderhackfleisch in dem Baconfett krümelig braten.
Die Zwiebel abziehen, in Würfel schneiden, dazugeben und ebenfalls anbraten.
Die Kohlrabi schälen und in Stücke schneiden. Die Möhre putzen, waschen und in Scheiben schneiden. Beides mit der Gemüsebrühe, den Chiliflocken und dem Paprikapulver zum Gehackten geben und alles schmoren lassen, bis das Gemüse bissfest ist.
Das Tomatenmark, den Senf, den Kreuzkümmel, Salz und Pfeffer hinzugeben. Alles kurz erhitzen und in Behälter abfüllen. Den knusprigen Bacon auf die Behälter verteilen.

(Foto: siehe Seite 94/95)

	100 g	Portion
KH	3,9	27,8
Fett	4,7	33
EW	7,7	54,3
Kcal	88	622
KJ	368	2603

Apfel-Spinat-Pfanne mit Pute

Zubereitung: 25 Minuten
Für 2 Portionen

Zutaten:
250 g frischer Spinat
2 Äpfel
100 g Bacon in Scheiben
500 g Putenschnitzel
2 EL Balsamico
2 EL Xylit
Salz
Pfeffer
10 g Pekannüsse oder andere Nüsse nach Belieben

So wird's gemacht:

Den Spinat waschen, abtropfen lassen und verlesen. Die Äpfel heiß abwaschen, trocken reiben, entkernen und in Spalten schneiden.

Den Bacon in einer Pfanne ohne Öl knusprig braten, aus der Pfanne nehmen, auf Küchenkrepp abtropfen lassen und dann in Stücke brechen.

Die Putenschnitzel in Stücke schneiden und in dem Baconfett rundherum goldbraun anbraten. Den Balsamico und das Xylit hinzugeben. Den Spinat und die Apfelspalten einrühren und mitbraten, bis der Spinat zusammengefallen ist und die Apfelstücke weich sind. Alles mit Salz und Pfeffer würzen.

Die Apfel-Spinat-Pfanne in Portionen abfüllen und mit dem Bacon und den Pekannüssen garnieren.

	100 g	Portion
KH	[illegible]	[illegible]
Fett	[illegible]	[illegible]
EW	[illegible]	[illegible]
kcal	[illegible]	[illegible]
kJ	[illegible]	[illegible]

Bunte Gemüse-Hähnchen-Pfanne

Zubereitung: 35 Minuten
Für 2 Portionen

Zutaten:
2 Paprikaschoten, rot und gelb
1 Zucchini
1 Zwiebel
3 Frühlingszwiebeln
200 g Champignons
250 g Hähnchenbrust
Butterschmalz zum Braten
500 ml Gemüsebrühe
200 g Crème fraîche
1 EL Paprikapulver, edelsüß
1 EL getrockneter Estragon
1 TL getrockneter Salbei
Salz
Pfeffer

So wird's gemacht:

Die Paprikaschoten waschen, entkernen und in Streifen schneiden. Die Zucchini waschen, putzen und in Scheiben schneiden. Die Zwiebel abziehen und in Würfel schneiden. Die Frühlingszwiebeln waschen, putzen und in Ringe schneiden. Die Champignons säubern und vierteln.

Die Hähnchenbrust in einer Pfanne mit Butterschmalz rundherum goldbraun braten, aus der Pfanne nehmen und zur Seite stellen.

Die Zwiebel in der Pfanne glasig dünsten, die Champignons dazugeben und braun braten, bis sie keine Flüssigkeit mehr abgeben. Die Paprikastreifen, Frühlingszwiebelringe und Zucchinischeiben hinzugeben und kurz mitbraten.

Das Gemüse mit der Gemüsebrühe ablöschen, Crème fraîche einrühren und alles mit den Gewürzen abschmecken. Die Hähnchenbrust dazugeben und alles noch kurz garen lassen, bis das Gemüse weich ist.

	100 g	Portion
KH	3	27,7
Fett	4,8	43,8
EW	4,6	42
Kcal	74	682
KJ	311	2855

Hähnchenbrust in Spinat-Avocado-Pesto mit Zucchinispaghetti

Zubereitung: 35 Minuten
Für 2 Portionen

Zutaten:
250 g Hähnchenbrust
Butterschmalz zum Braten
Salz
Pfeffer
1 Knoblauchzehe
50 g Pinienkerne
100 g frischer Spinat
½ Avocado (ca. 60 g)
1 Handvoll frisches Basilikum
30 g Olivenöl
1 große Zucchini
100 g Kirschtomaten

So wird's gemacht:

Die Hähnchenbrust halbieren und in einer Pfanne mit Butterschmalz rundherum goldbraun anbraten. Dann ca. 15 Minuten garen, mit Salz und Pfeffer würzen und anschließend aus der Pfanne nehmen.

Während das Fleisch gart, die Knoblauchzehe abziehen und in Scheiben schneiden. In der Pfanne, in der die Hähnchenbrust gegart wurde, mit Butterschmalz leicht anschwitzen. Die Pinienkerne in einer weiteren Pfanne ohne Öl leicht anrösten. Den Spinat waschen, verlesen und abtropfen lassen. Die Avocado halbieren, den Kern entfernen und das Avocadofruchtfleisch mit einem Löffel aus der Schale lösen. Das Basilikum waschen und trocken schütteln.

Den Knoblauch mit dem Spinat, den Pinienkernen, dem Avocadofruchtfleisch, dem Basilikum, dem Olivenöl, Salz und Pfeffer in einem Standmixer oder mit dem Stabmixer zu einem feinen Pesto pürieren.

Die Zucchini putzen, waschen und mit einem Spiralschneider in Streifen schneiden. Dann in einer Pfanne mit etwas Butterschmalz dünsten, bis das Gemüse bissfest ist. Die Tomaten waschen, halbieren und dazugeben. Das Pesto hinzugeben und alles gut vermischen.

Die Hähnchenbrust auf den Zucchinispaghetti anrichten.

	100 g	Portion
KH	2,6	13,5
Fett	9,6	49,1
EW	7,3	37,2
Kcal	123	626
KJ	513	2622

Jägerpfanne

Zubereitung: 35 Minuten
Für 3 Portionen

Zutaten:
500 g Champignons
Butterschmalz zum Braten
2 Zwiebeln
5 grobe frische Bratwürste
150 g Frischkäse (Doppelrahmstufe)
Milch nach Bedarf
2 EL Kräuter nach Wahl, TK oder getrocknet oder frisch gehackt
Salz
Pfeffer
Optional Preiselbeeren ohne Zucker

	100 g	Portion
KH	2,3	10,6
Fett	8,4	38,7
EW	8,8	40,6
Kcal	140	647
KJ	585	2710

So wird's gemacht:

Die Champignons putzen, vierteln und in einer Pfanne mit Butterschmalz goldbraun braten, bis die Pilze keine Flüssigkeit mehr abgeben. Die Zwiebeln abziehen und in Spalten schneiden. Die Bratwürste in Scheiben schneiden.
Zwiebelspalten und Bratwurstscheiben zu den Champignons geben und kräftig anbraten. Die Temperatur reduzieren und den Frischkäse einrühren. Milch hinzugeben, bis die gewünschte sämige Konsistenz erreicht ist. Die Kräuter einrühren und die Jägerpfanne mit Salz und Pfeffer abschmecken.
Dazu nach Wunsch Preiselbeeren ohne Zucker servieren.

Paprika-Curry-Pfanne

Zubereitung: 45 Minuten
Für 2 Portionen

Zutaten:
1 Paprikaschote
1 Möhre
1 rote Zwiebel
1 Mango
1 Hähnchenbrust
Butterschmalz zum Braten
100 ml Hühnerbrühe
1 EL Paprikapulver, edelsüß
1 EL Currypulver
½ TL gemahlener Koriander
Salz
Pfeffer
25 g Pinienkerne

So wird's gemacht:

Die Paprikaschote waschen, entkernen und in Würfel schneiden. Die Möhre putzen, waschen und raspeln. Die Zwiebel abziehen und in Würfel schneiden. Die Mango halbieren, den Kern entfernen und das Fruchtfleisch in Würfeln von der Schale schneiden.
Die Hähnchenbrust in Würfel schneiden und in einer Pfanne mit Butterschmalz rundherum goldbraun anbraten. Die Zwiebel hinzugeben und ebenfalls anbraten. Die Paprikawürfel und die Möhrenraspel dazugeben.
Mit der Hühnerbrühe ablöschen, das Paprikapulver und das Currypulver einrühren. Mit dem Koriander, Salz und Pfeffer würzen. Alles leicht schmoren lassen, bis das Gemüse bissfest ist.
Die Mangowürfel hinzugeben, kurz erhitzen und das Gericht in gut verschließbare Behälter abfüllen. Die Pinienkerne in einer Pfanne ohne Öl rösten und über die Paprika-Curry-Pfanne streuen.

Tipp: Dazu passt gut Blumenkohlreis, der in einer Pfanne ohne Öl weich gegart wurde.

	100 g	Portion
KH	4,7	26,2
Fett	5,4	30,5
EW	11,5	64,7
Kcal	112	629
KJ	470	2632

Paprika-Garnelen-Pfanne

Zubereitung: 35 Minuten
Für 1 Portion

Zutaten:
1/2 rote Paprikaschote
1 Möhre
Butterschmalz zum Braten
1 EL Currypulver
Salz
Pfeffer
1 Frühlingszwiebel
5 Garnelen
1 TL Zitronensaft
100 g Blumenkohl

So wird's gemacht:

Die Paprikaschote waschen, entkernen und in Würfel schneiden. Die Möhre putzen, waschen und in dünne Scheiben schneiden. Beides in einer Pfanne mit Butterschmalz anbraten, dann mit Currypulver, Salz und Pfeffer würzen und so lange weiter garen, bis das Gemüse weich ist.

Die Frühlingszwiebel waschen, putzen, in Ringe schneiden und kurz mit dem Gemüse erhitzen. Das Gemüse in einen Behälter füllen.

Die Garnelen in einer Pfanne mit Butterschmalz rundherum goldbraun braten und auf das Gemüse geben. Mit Zitronensaft beträufeln.

Den Blumenkohl putzen, waschen, raspeln und in einer Pfanne ohne Öl garen, bis er weich ist. Blumenkohlreis separat verpacken.

	100 g	Portion
KH	5,3	26,7
Fett	4,5	22,9
EW	3,5	17,8
Kcal	78	392
KJ	325	1641

Rancherpfanne

Zubereitung: 45 Minuten
Für 2 Portionen

Zutaten:
1 Zwiebel
Butterschmalz zum Braten
1 Chorizo-Wurst (75 g)
1 EL Tomatenmark
200 ml Gemüsebrühe
1 TL Paprikapulver, rosenscharf
500 g Tomaten
1 Dose Kidneybohnen (255 g Abtropfgewicht)
1 EL frische Petersilie oder Kräuter nach Belieben
Salz
Pfeffer
3 Eier (M)
50 g Frühlingszwiebeln

So wird's gemacht:

Die Zwiebel abziehen, in Würfel schneiden und in einer Pfanne mit Butterschmalz anbraten. Die Chorizo-Wurst in Scheiben schneiden, mit in die Pfanne geben und ebenfalls anbraten. Das Tomatenmark einrühren und alles mit der Gemüsebrühe ablöschen. Das Paprikapulver hinzugeben.

Die Tomaten waschen, den Stielansatz entfernen und das Fruchtfleisch klein schneiden. In die Pfanne geben und kurz schmoren lassen. Die Kidneybohnen in ein Sieb abgießen, abspülen, abtropfen lassen und dazugeben. Petersilie waschen, trocken schütteln, hacken und einrühren. Mit Salz und Pfeffer würzen.

Die Eier aufschlagen, auf das Gemüse gleiten lassen und den Pfannendeckel aufsetzen. Eier ca. 10 Minuten stocken lassen.

Die Frühlingszwiebeln putzen, waschen, in Ringe schneiden und über die Rancherpfanne streuen.

	100 g	Portion
KH	4,6	33,5
Fett	6,3	46,5
EW	5,6	40,8
Kcal	97	716
KJ	408	2996

Rucola-Paprika-Pfanne

Zubereitung: 45 Minuten
Für 2 Portionen

Zutaten:
200 g Hähnchenbrust
Butterschmalz zum Braten
1 Zwiebel
2 Paprikaschoten
100 g Rucola
1 Apfel
2 EL Xylit
1 EL Paprikapulver, edelsüß
Salz
Pfeffer
150 ml Gemüsebrühe
Optional gehackte Walnusskerne

So wird's gemacht:

Die Hähnchenbrust in einer Pfanne mit Butterschmalz rundherum goldbraun anbraten. Dann ca. 15 Minuten garen, herausnehmen und in Würfel schneiden.

Die Zwiebel abziehen, würfeln und in einer Pfanne mit Butterschmalz anschwitzen. Die Paprikaschoten waschen, entkernen, in Stücke schneiden und dazugeben. Den Rucola waschen, verlesen und mit in die Pfanne geben.

Den Apfel heiß abwaschen, trocken reiben, entkernen und klein schneiden. Die Apfelwürfel in die Pfanne geben. Mit dem Xylit bestreuen, mit dem Paprikapulver, Salz und Pfeffer würzen.

Die Gemüsebrühe angießen, die Hähnchenwürfel wieder hinzugeben und alles köcheln lassen, bis das Gemüse bissfest ist.

Das Gericht in Behälter abfüllen und nach Wunsch mit gehackten Walnüssen bestreuen.

	100 g	Portion
KH	5,3	36,7
Fett	3,8	26,2
EW	7,7	53,2
Kcal	91	631
KJ	383	1640

Waldorfpfanne

Zubereitung: 35 Minuten
Für 2 Portionen

Zutaten:
300 g Knollensellerie
1 Möhre
Butterschmalz zum Braten
1 Apfel
200 g Sahne
Salz
Pfeffer
40 g Walnusskerne

	100 g	Portion
KH	4,5	29,3
Fett	2,6	16,7
EW	11,5	74,3
Kcal	92	594
KJ	384	2485

So wird's gemacht:

Den Sellerie und die Möhre putzen, schälen und raspeln. Beides in einer Pfanne mit Butterschmalz bissfest dünsten. Den Apfel heiß abwaschen, trocken reiben, entkernen, in Spalten schneiden und mit in die Pfanne geben. Die Sahne angießen und alles mit Salz und Pfeffer würzen.
Die Walnusskerne grob hacken und über die Waldorfpfanne streuen.

Salate

Lachssalat

Zubereitung: 30 Minuten
Für 2 Portionen

Zutaten:
Für den Salat
100 g Kirschtomaten
1 rote Zwiebel
Butterschmalz zum Braten
1 Lachsfilet
Salz
Pfeffer
1 Handvoll Rucola
1 Avocado
2 EL Zitronensaft

Für das Dressing
1 EL Senf, mittelscharf
1 EL Zitronensaft
1 EL Xylit
150 g griechischer Joghurt
Salz
Pfeffer

So wird's gemacht:

Die Kirschtomaten waschen und halbieren. Die Zwiebel abziehen, halbieren, in Streifen schneiden und diese in einer Pfanne mit Butterschmalz glasig dünsten.
Das Lachsfilet in einer Pfanne mit Butterschmalz von beiden Seiten bei mittlerer Hitze anbraten und dann ca. 10 Minuten garen. Mit Salz und Pfeffer würzen. Den Lachs abkühlen lassen und in Stücke schneiden.
Den Rucola verlesen, waschen und gut abtropfen lassen.
Die Avocado halbieren, den Kern entfernen, das Fruchtfleisch aus der Schale lösen, klein schneiden und mit dem Zitronensaft beträufeln.
Zuerst die Tomaten, dann die Avocado, die Zwiebel, die Lachsstücke und den Rucola in Behälter geben.
Die Zutaten für das Dressing gleichmäßig verrühren und in verschließbaren Gläsern aufbewahren. Das Dressing erst vor dem Verzehr über den Salat geben.

(Foto: siehe Seite 106/107)

	100 g	Portion
KH	4,1	15,3
Fett	8,3	30,9
EW	5,4	20,1
Kcal	118	435
KJ	493	1823

Blumenkohlreissalat

Zubereitung: 20 Minuten + 10 Minuten vor dem Verzehr
Für 2 Portionen

Zutaten:

Für den Salat
½ Blumenkohl
1 Möhre
1 rote Paprikaschote
1 Mango
20 g Pekannüsse

Für das Dressing
150 g griechischer Joghurt
Pfeffer
1 TL Paprikapulver, edelsüß
1 TL Currypulver
1 TL Olivenöl

So wird's gemacht:

Den Blumenkohl und die Möhre putzen, waschen und fein raspeln. Die Paprikaschote waschen, entkernen und in Würfel schneiden.
Blumenkohl- und Möhrenraspel sowie Paprikawürfel schichtweise in 2 Gläser füllen und diese verschließen.
Die Mango schälen und das Fruchtfleisch vom Kern schneiden. Die Pekannüsse hacken.
Beides zusammen in weiteren verschließbaren Gläsern aufbewahren.
Die Zutaten für das Dressing gleichmäßig verrühren und in einem verschließbaren Glas aufbewahren. Das Dressing erst direkt vor dem Verzehr über den Salat geben.
Vor dem Verzehr das Glas mit der Blumenkohlreismischung ohne Deckel 10 Minuten in der Mikrowelle dämpfen, bis der Blumenkohl bissfest ist. Kurz abkühlen lassen. Die Mango mit den gehackten Nüssen zur Blumenkohlmischung geben und das Dressing über den Salat träufeln.

	100 g	Portion
KH	10,1	50,5
Fett	9,5	47,1
EW	3,4	17
Kcal	136	678
KJ	571	2840

Halloumi-Zucchini-Salat

Zubereitung: 20 Minuten
Für 2 Portionen

Zutaten:
250 g Halloumi
Butterschmalz zum Braten
1 Zucchini (ca. 250 g)
1 EL Olivenöl
Saft von ½ Limette
Pfeffer
Xylit nach Belieben
1 EL Mandelblättchen

So wird's gemacht:

Den Halloumi in kleine Würfel schneiden und in einer Pfanne mit wenig Butterschmalz rundum goldbraun braten. Die Halloumiwürfel dann in eine Schüssel füllen.
Die Zucchini putzen, waschen, längs halbieren, in Scheiben schneiden und diese ebenfalls in Butterschmalz anbraten. Die Zucchinischeiben zum Halloumi geben.
Das Olivenöl in einer Schüssel mit dem Limettensaft, Pfeffer und Xylit nach Belieben verquirlen. Das Dressing über den Salat gießen und gründlich untermischen. Den Salat in Frischhaltedosen oder verschließbare Gläser füllen und im Kühlschrank aufbewahren.
Die Mandelblättchen in einer Pfanne ohne Öl kurz anrösten und portionsweise separat verpacken. Den Halloumi-Zucchini-Salat vor dem Verzehr mit den Mandelblättchen bestreuen.

	100 g	Portion
KH	2,1	6,1
Fett	16,7	47,9
EW	13	37,4
Kcal	212	609
KJ	887	2549

Erdnuss-Quinoa-Salat

Zubereitung: 45 Minuten
Für 2 Portionen

Zutaten:

Für den Salat

30 g Quinoa oder 50 g Quinoa gekocht
100 ml Gemüsebrühe zum Kochen
1 Zucchini
Butterschmalz zum Braten
100 g Kirschtomaten
100 g Feta

Für das Dressing

Erdnussöl
Salz
Pfeffer
50 g geröstete Erdnüsse

So wird's gemacht:

Die Quinoa in ein Sieb geben und spülen. Gemüsebrühe in einem Topf erhitzen, Quinoa darin laut Packungsangabe weich garen und dann durch ein Sieb abgießen.
Die Zucchini putzen, waschen und in Scheiben schneiden. Dann in einer Pfanne mit Butterschmalz dünsten, bis das Gemüse weich ist.
Die Kirschtomaten waschen und halbieren. Den Feta in kleine Stücke brechen. Beides mit Quinoa und Zucchini in einer Schüssel vermischen.
Das Erdnussöl in einer Schüssel mit Salz und Pfeffer verquirlen und mit dem Salat vermischen. Mit den Erdnüssen bestreuen.

	100 g	Portion
KH	4,8	13,2
Fett	16,6	45,6
EW	6,1	16,8
Kcal	192	578
KJ	804	2210

Griechischer Salat

Zubereitung: 15 Minuten
Für 1 Portion

Zutaten:
Für den Salat
100 g Kirschtomaten
1/2 Salatgurke (ca. 150–180 g)
1/2 rote Zwiebel
100 g Schafskäse

Für das Dressing
3 EL Olivenöl
1 EL Kräuter der Provence, TK oder getrocknet oder frisch gehackt
Salz
Pfeffer

So wird's gemacht:

Die Kirschtomaten waschen und halbieren. Die Salatgurke waschen und in Stücke schneiden. Die Zwiebel abziehen und in Ringe schneiden. Den Schafskäse würfeln.

Die vorbereiteten Zutaten in ein verschließbares Glas schichten.

Aus dem Olivenöl, den Kräutern, Salz und Pfeffer ein Dressing anrühren.

Dressing und Salat bis zum Verzehr getrennt im Kühlschrank lagern.

Tipp: Der Salat kann sehr gut mit schwarzen Oliven oder Pinienkernen variiert werden.

	100 g	Portion
KH	3,3	13,9
Fett	12,8	54,5
EW	4,2	18
Kcal	143	609
KJ	600	2550

Desserts

Schokoladenpudding

Zubereitung: 15 Minuten
Für 6 Portionen

Zutaten:

200 g Sahne
40 g Mandelmehl, teilentölt
20 g Xylit oder mehr nach Belieben
1 EL Kakaopulver (10 g)
1 TL gemahlene Vanille
200 ml Vollmilch
50 g Schokolade ohne Zuckerzusatz
40 g Chiasamen

So wird's gemacht:

Die Sahne mit dem Mandelmehl und dem Xylit in einen Topf geben, erhitzen und 1 Minute leicht köcheln lassen.

Den Topf vom Herd nehmen und das Kakaopulver, die Vanille und die Milch einrühren. Die Masse auf etwa 32 °C weiter abkühlen lassen. Die Schokolade grob hacken, einrühren und schmelzen. Die Schokoladenmasse abschmecken und ggf. noch etwas Xylit zufügen, bis die gewünschte Süße erreicht ist.

Die Chiasamen beispielsweise in einer einfachen Kaffeemühle mahlen und dann in die Schokoladenmasse einrühren.

Den Schokoladenpudding in verschließbare Gläser abfüllen und abkühlen lassen.

(Foto: siehe Seite 114/115)

Tipp: Dazu schmecken als Variation frische Erdbeeren oder Obst nach Wahl. Den Schokoladenpudding kannst du auch mit Schlagsahne garnieren oder die Beerengrütze von Seite 118 damit kombinieren.

	100 g	Portion
KH	6,2	5,8
Fett	20,2	18,8
EW	8,8	8,2
Kcal	255	238
KJ	1066	995

Avocado-Mandel-Creme

Zubereitung: 20 Minuten
Für 2 Portionen

Zutaten:
50 g gemahlene Mandeln
1 EL Xylit
100 g Sahne
150 g griechischer Joghurt
½ Avocado
½ TL gemahlene Vanille

	100 g	Portion
KH	5	5,8
Fett	19,2	22
EW	4,6	5,3
Kcal	220	254
KJ	923	1061

So wird's gemacht:

Die gemahlenen Mandeln, das Xylit und die Sahne in einen Topf geben und aufkochen lassen. Dann Hitze reduzieren und Masse köcheln lassen, bis die Masse etwas andickt, anschließend abkühlen lassen.

Von dem griechischen Joghurt 2 EL abheben und zur Seite stellen. Die Avocado halbieren, das Fruchtfleisch mit einem Löffel aus der Schale lösen und mit dem übrigen Joghurt in einem Standmixer fein pürieren.

Das Avocadopüree mit der Mandelmasse und der Vanille verrühren. Die Creme in verschließbare Gläser füllen und mit dem zurückbehaltenen Joghurt so bedecken, dass keine Luft mehr an die Avocado-Mandel-Creme gelangt. Die Creme kann dann nicht mit Sauerstoff reagieren und behält die Farbe.

Tipp: Die Avocado-Mandel-Creme kann hervorragend variiert werden. Beispielsweise passen frische Beeren oder Obst nach Wahl gut dazu oder für eine knusprige Variante klein gehackte Quinoa-Mandel-Crossies (Seite 120) oder Granolaecken (Seite 119).

Beerengrütze mit Vanillejoghurt

Zubereitung: 15 Minuten
Für 2 Portionen

Zutaten:
500 g gemischte TK-Beeren
20 g Xylit plus mehr nach Belieben
1 1/2 TL gemahlene Vanille
20 g Chiasamen
200 g griechischer Joghurt

	100 g	Portion
KH	6,6	24,6
Fett	3,5	13,2
EW	2,2	8,1
Kcal	76	285
KJ	320	1192

So wird's gemacht:

Die Beeren mit 20 g Xylit in einen Topf geben, erhitzen und 3 Minuten leicht köcheln lassen.
Den Topf vom Herd nehmen, 1/2 TL Vanille einrühren und ggf. noch etwas Xylit zufügen, bis die gewünschte Süße erreicht ist.
Die Chiasamen beispielsweise in einer einfachen Kaffeemühle mahlen und dann in die Beerengrütze einrühren.
Die Beerengrütze in verschließbare Gläser abfüllen und vollständig abkühlen lassen.
Den Joghurt in einer Schüssel mit der restlichen Vanille und Xylit nach Geschmack verrühren. Den Vanillejoghurt auf die Beerengrütze in die Gläser füllen.

Tipp: Die Beerengrütze schmeckt pur oder noch warm ebenfalls sehr gut. Anstatt Joghurt kannst du auch Quark oder vergleichbare Milchprodukte verwenden. Du kannst andere Desserts, wie beispielsweise den Schokoladenpudding (Seite 116) oder die Avocado-Mandel-Creme (Seite 117), mit der Beerengrütze verfeinern.

Granolaecken

Zubereitung: 35 Minuten
Für ca. 25 Stück bzw. 5 Portionen

Zutaten:
1 Eiklar
50 g Butter
20 g Haferkleie
20 g gehackte Mandeln
20 g gehackte Haselnüsse
20 g Sonnenblumenkerne
20 g Kürbiskerne
20 g Leinsamen
30 g getrocknete Cranberrys
20 g Xylit
1 TL Zimtpulver
½ TL gemahlene Vanille

	100 g	Portion
KH	19	9,9
Fett	36,1	18,8
EW	11,9	6,2
Kcal	466	242
KJ	1949	1013

So wird's gemacht:

Den Backofen auf 150 °C Umluft vorheizen.

Das Eiklar in einer Schüssel steif schlagen.

Die Butter schmelzen und mit den übrigen Zutaten in einer weiteren Schüssel miteinander vermischen. Den Eischnee unterheben.

Die Masse auf einem mit Backpapier ausgelegten Backblech dünn verstreichen und 20–25 Minuten im Ofen backen.

Das Blech abkühlen lassen und die Granolaplatte nach Belieben in Stücke brechen.

Quinoa-Mandel-Crossies

Zubereitung: 30 Minuten
Für 25 Stück

Zutaten:

100 g Quinoa
Butterschmalz zum Braten
100 g gestiftete Mandeln
50 g Schokolade ohne Zuckerzusatz
20 g Xylit
½ TL gemahlene Vanille

So wird's gemacht:

Die Quinoa unter gelegentlichem Rühren in einer Pfanne mit Butterschmalz braten, bis die Körner zu puffen beginnen.

Die Mandeln in einer Pfanne ohne Öl leicht anrösten.

Die Schokolade in einem Topf schmelzen und mit dem Xylit und der Vanille vermischen.

Die gepuffte Quinoa und die Mandeln mit der geschmolzenen Schokolade vermischen. Aus der Masse auf Backpappier kleine Häufchen formen und diese abkühlen lassen, bis die Schokolade fest ist.

Tipp: Quinoa kannst du auch fertig gepufft kaufen, so sparst du einen Zubereitungsschritt.

	100 g	Portion
KH	29,1	3,3
Fett	35,1	3,9
EW	15	1,7
Kcal	512	57
KJ	2143	240

Anmerkungen

1 Johnstone, A. M., Horgan, G. W., Murison, S. D., Bremner, D. M., Lobley, G. E.: »Effects of a high-protein ketogenic diet on hunger, appetite, and weight loss in obese men feeding ad libitum«. Am J Clin Nutr. 2008 Jan;87(1):44–55. PubMed PMID: 18175736

2 Nickols-Richardson, S. M., Coleman, M. D., Volpe, J. J., Hosig, K. W.: »Perceived hunger is lower and weight loss is greater in overweight premenopausal women consuming a low-carbohydrate/high-protein vs high-carbohydrate/low-fat diet«. J Am Diet Assoc. 2005 Sep;105:1433-7. PubMed PMID: 16129086

3 Latner, J. D., Schwartz, M.: »The effects of a high-carbohydrate, high-protein or balanced lunch upon later food intake and hunger ratings«. Appetite. 1999 Aug;33:119-28. PubMed PMID: 10447984.

4 Westerterp-Plantenga, M. S., Nieuwenhuizen, A., Tomé, D., Soenen, S., Westerterp, K. R.: »Dietary protein, weight loss, and weight maintenance«. Annu Rev Nutr. 2009;29:21-41. doi: 10.1146/annurev-nutr-080508-141056. Review. PubMed PMID: 19400750

5 Westerterp-Plantenga, M. S., Lemmens, S. G., Westerterp, K. R.: »Dietary protein – its role in satiety, energetics, weight loss and health«. Br J Nutr. 2012 Aug;108 Suppl 2:S105-12. doi: 10.1017/S0007114512002589. Review. PubMed PMID: 23107521.

6 Bazzano, L. A., Hu, T., Reynolds, K., Yao, L., Bunol, C., Liu, Y., Chen, C. S., Klag, M. J., Whelton, P. K., He, J.: »Effects of low-carbohydrate and low-fat diets: a randomized trial«. Ann Intern Med. 2014 Sep 2;161:309-18. doi: 10.7326/M14-0180. PubMed PMID: 25178568

7 Foster, G. D., Wyatt, H. R., Hill, J. O., McGuckin, B. G., Brill, C., Mohammed, B. S., Szapary, P. O., Rader, D. J., Edman, J. S., Klein, S.: »A randomized trial of a low-carbohydrate diet for obesity«. N Engl J Med. 2003 May 22;348:2082-90. PubMed PMID: 12761365.

8 Foster, G. D., Wyatt, H. R., Hill, J. O., Makris, A. P., Rosenbaum, D. L., Brill, C., Stein, R. I., Mohammed, B. S., Miller, B., Rader, D. J., Zemel, B., Wadden, T. A., Tenhave, T., Newcomb, C. W., Klein, S.: »Weight and metabolic outcomes after 2 years on a low-carbohydrate versus low-fat diet: a randomized trial«. Ann Intern Med. 2010 Aug 3;153(3):147-57. doi: 10.7326/0003-4819-153-3-201008030-00005. PubMed PMID: 20679559

9 Ruth, M. R., Port, A. M., Shah, M., Bourland, A. C., Istfan, N. W., Nelson, K. P., Gokce, N., Apovian, C.M.: »Consuming a hypocaloric high fat low carbohydrate diet for 12 weeks lowers C-reactive protein, and raises serum adiponectin and high density lipoprotein-cholesterol in obese subjects«. Metabolism. 2013 Dec;62(12):1779-87. doi: 10.1016/j.metabol.2013.07.006. Epub 2013 Sep 26. Erratum in: Metabolism. 2014 Mar;63(3):e1. PubMed PMID: 24075505

Rezeptregister

Zutatenregister

ANDREAS MEYHÖFER I DIANA LUDWIG
SCHLANK MIT LOW-CARB
DAS KOCHBUCH
160 NEUE REZEPTE
riva

Auch als **E-Book** erhältlich

256 Seiten
19,99 € (D), 20,60 € (A)
ISBN 978-3-7423-0132-1

Andreas Meyhöfer,
Diana Ludwig

Schlank mit Low-Carb

Das 28-Tage-Programm

Du möchtest deine Ernährung umstellen und Gewicht verlieren? Dann ist Low-Carb genau das Richtige für dich.
Die Macher der erfolgreichen Facebook-Seite »Low Carb Kompendium« zeigen dir in diesem Buch, wie Low-Carb funktioniert, was du beachten musst, welche Lebensmittel sich für diese Diät eignen, wie du in nur 28 Tagen deine Ernährung umstellst, effizient abnimmst und es gleichzeitig schaffst, gesünder zu leben. Dazu bietet dir das Buch über 120 Rezepte – beliebte Klassiker von der Facebook-Seite, aber auch viele exklusive Rezepte, die noch nicht veröffentlicht, sondern speziell für das Buch entwickelt und getestet wurden.

riva